D U bist G O T T
Eine Suche nach Erkenntnis

Werner J. Kraftsik
1. Auflage

AF285080

Einen GOTT, der die Objekte seines Schaffens belohnt und bestraft,
der überhaupt einen Willen hat nach Art desjenigen, den wir an uns
selbst erleben, kann ich mir nicht einbilden.

© Albert Einstein (1879 - 1955), theor. Physiker, geb. in Deutschland, 1896-1901 staatenlos, ab 1901 Schweizer
Bürger, ab 1940 auch Bürger der USA. Forschungen zu Materie, Raum, Zeit und Gravitation; Hauptwerk ist die 1915
publizierte Allgemeine Relativitätstheorie. Nobelpreis für Physik 1921

Quelle: Einstein, Wie ich [in] die Welt sehe, 1930.

Gott als Erschaffer des Universums (Bildertitel einer Bible moralisée, um 1230) Anonym - archiv.onb.ac.at , gemeinfrei

IMPRESSUM:

FSC
www.fsc.org
MIX
Papier aus ver-
antwortungsvollen
Quellen
Paper from
responsible sources
FSC® C105338

Bibliografische Information der Deutschen Nationalbibliothek.
Die Deutsche Nationalbibliothek verzeichnet diese Publikation in
der Deutschen Nationalbibliothek, detaillierte grafische
Darstellung sind im Internet über http:// dnb.de abrufbar

© 2022 Werner J. Kraftsik

Herstellung und Verlag: BoD – Books on Demand, Norderstedt
1. Auflage, November 2022

ISBN: 9783756211128

Vorwort:

AUCH DU BIST GOTT

„Der Mensch ist im Grunde Begierde, Gott zu sein." _{Jean Paul Sartre}

Der innewohnende Drang, gleich welcher Religion, Philosophie oder auch Tradition man immer folgen mag, um „Gott" zu realisieren, verstehen zu wollen, ob und welchen Sinn das Leben hat, ist wohl genau der Grund warum gerade Sie, hoch wertgeschätzte Leserin, lieber Leser dieses Buch gerade in den Händen halten.
Es zeugt davon das Sie ein reflektierter Mensch sind und sich nicht mit den einfachen und profanen Antworten des Lebens zufriedengeben wollen. Aufrichtige Gratulation schon einmal dazu.
Es ist schön, dass Sie offensichtlich etwas bewegt, mehr darüber zu erfahren wer und was Gott wirklich ist. In der heutigen Zeit machen sich zum Glück nun immer mehr Menschen auf den Pfad dieses Mysterium genauer zu erforschen und im großen Glück darüber auch Erleuchtung zu erhalten.
Der indische Weise Satya Sai Baba hat es mit folgender Definition treffend auf den Punkt gebracht: Gott = Mensch – Ego.
Auch lädt er uns dazu ein, die alten „Autobahnen" zu Gott zu reparieren, demnach Autobahnen zu uns selbst.
Es scheint offensichtlich zu einfach zu sein, dass Gott uns täglich im Spiegel anschaut. Aber es heißt ja auch zum Glück „Erkenntnissuche" - und nicht „Erkenntnisfindung".
Sie sind also ganz auf der sicheren Seite, gleich was auf den folgenden Seiten nun präsentiert wird.
Lassen Sie sich darauf ein, genießen Sie die Reise. Sie können nur gewinnen.
Gedanken erschaffen bekanntlich Realität. Aber erst Gefühle beleben das Erschaffene.
So führt uns Werner J. Kraftsik hier nicht nur theoretisch durch das Gotteskonzept, sondern die Einladung dieses Thema vom Innersten her zu erfahren, wird zum aktiven „Mitmachszenario".

Wenn wir ja „nach seinem Ebenbilde" erschaffen wurden (so steht es in der heiligen Schrift der Christenheit), dann ist Gott unser Spiegel bzw. wir sein Spiegel. Wie auch immer wir es betrachten wollen, im Spiegel erkennen wir wohl immer nur uns selbst. Diesbezüglich finde ich Werners Überlegungen und Schlussfolgerungen schlichtweg nicht provokativ.

Mich erfüllt es mit Dankbarkeit, dass sich im deutschsprachigen Raum nun auch jemand offen diesem Thema, mit so viel Courage, zuwendet.

Ich habe Werner J. Kraftsik bei uns auf dem Schloss zu seiner Autorenlesung zu „Morals & Dogma" (Albert Pike) kennengelernt.

Es ist mehr als eine Meisterleistung diesen Giganten der literarischen Geisteswissenschaft zu übersetzen. Das, was Werner dort erschaffen hat, steht der Bibelübersetzung von Luther & Zwingli in nichts nach. Diese Übersetzung wird auch noch in vielen hundert Jahren angewandt und genutzt werden. Es erfüllt mich mit großer Freude & Dankbarkeit einen so großen Geist als einen Freund und Bruder im Geiste zu wissen, dies seit unserer ersten Begegnung. Mit Sicherheit für ein ganzes Leben.

Das Werner sich auch an Mammutprojekte getraut, die immer mehr Menschen, nun anfangen zu verstehen, ist wirklich phänomenal.

Einige mögen denken, er hat die Absicht zu provozieren, doch ich sehe es eher als Einladung bestehende Antworten zu hinterfragen. Mögen Sie seiner Einladung folgen, um mehr über sich, über Gott, zu erfahren und gleichzeitig Ihre Religion, Philosophie oder Tradition mehr als „wertgeschätzt" zu fühlen.

Ich habe so ziemlich jede Religion, Philosophie und Tradition dieses Planeten studiert, aber in diesem hier vorliegendem Werk, wirklich sehr viel Neues erfahren dürfen. Dies passierte mir bis dato nicht wirklich allzu oft.

Nur tote Fische schwimmen mit dem Strom, sagt man - dieses Werk kann bis zur Quelle in die höchsten Gipfelregionen führen, genießen Sie die Reise, es lohnt sich.

In dieser Zeit, in der dieses Werk veröffentlicht wird, fangen immer mehr Menschen an, nach mehr Sinn im Leben zu suchen und so nähern sich auch immer mehr Menschen dem Thema „Gott".

Das Leben und die Synchronizität hat dazu geführt, dass es nun einem so großen Publikum zugänglich gemacht werden kann. Werner hat es meisterhaft gelöst!

ICH BIN DU BIST WIR SIND
Mitgefühl & Liebe
Schloss Wartensee, Frühlingserwachen 2021

In Dankbarkeit,
Saint von Lux

"Wer daher GOTT suchen und finden will, der suche ihn in sich selbst, nämlich im Innersten seiner Seele."

(Angelus Silesius)

INHALTSVERZEICHNIS

Glaubenssysteme

GOTT - Eine Beschreibung

So lange es Menschen gibt und seit sich Menschen fragen, weshalb sie eigentlich auf diesem Planeten sind und warum diese Welt, so wie sie ist, existiert, so lange fragen Menschen nach der Ursache.
Sie fragen W E R für all das, was uns umgibt, all das, was auf die Menschen und die Welt, die Natur einwirkt, verantwortlich ist und irgendwann wer alles Sein erschaffen hat?
Fanden diese frühen Menschen schlüssige Antworten?
Ich denke nicht, weil Ihnen für die Beantwortung ihrer Fragen grundsätzliche naturwissenschaftliche Kenntnisse fehlten, die konkrete Antworten ermöglicht hätten.
Sie suchten nach Antworten, und für das, was nicht erkenn- oder erklärbar war, blieb es beim Versuch der Erklärung des Unerklärlichen.

Populäre Darstellung von Veränderungen des Körperbaus im Verlauf der Hominisation gemeinfrei, File:Darwin-chart.PNG

Stellen wir uns einen „frühen Menschen", z. B. die als erste angenommene wirkliche menschliche Entwicklungsform einen „Homo-Erectus" >> den aufgerichteten Menschen << vor, der in seiner unmittelbaren Nähe den Einschlag eines Blitzes in einen Baum das erste Mal erlebt.
Nicht nur, dass er das Bersten des Baumes in nächster Nähe hörte, was für seine Ohren ein Neues und mit seiner intensiven Lautstärke ein vielleicht nie zuvor erlebtes Ereignis war. Seine Haut, seine Körperbehaarung, wurden durch die mit der Hitze des Blitzes verbundenen, bisher unbekannten Schmerzes weggebrannt bzw. versengt.

Dies brannte sich in sein Gehirn als eine nicht mehr verblassende Erinnerung, gleichsam wie ein „Brandmal", ein.

Sobald er sich von seinem Schrecken erholt hatte und die Schmerzen seiner versengten Haut etwas nachließen und erträglicher wurden, bemerkte er vielleicht, dass er sich nicht in „seinem Territorium" befand.

Die kleine Gruppe, der er angehörte, bewegte sich stets in einem ganz bestimmten Gebiet des Waldes und zur Vermeidung unbekannter Gefahren wurden die Grenzen dieses Bereiches nie alleine, sondern immer nur gemeinsam mit anderen, vor allem den Mutigen der Gemeinschaft, unternommen – er war alleine und hatte sich auf unbekanntes Terrain begeben.

Andere Wesen, – Menschen oder Tiere, die ihm hätten gefährlich werden können, waren nicht zu sehen gewesen, – also musste eine andere Ursache gewesen sein, die versucht hatte, ihn zu töten oder zumindest vor dem Betreten des unbekannten Geländes zu warnen.

Vielleicht war so ein Augenblick, ein derartiges Erlebnis der Auslöser für die Annahme, dass es etwas Unsichtbares, etwas Numinoses, Übernatürliches gibt oder geben muss, dass sowohl Angstschauer hervorrief als auch gleichzeitig respektvoll anziehend wirkte.

Entstand bei den altsteinzeitlichen Jägern und Sammlern, so die IDEE, dass über ihre Welt ein übergeordnetes Wesen sowohl über die sie umgebende Natur, die Pflanzen- und Tierwelt, als auch über sie selbst wachte und für das Wohl ihres Lebens genauso sorgte wie für ihre Leiden?

Ihre Vorstellungen über dieses „übergeordnete Wesen" waren dabei ziemlich realistisch und gleichermaßen auf ihr tägliches Leben bezogen, wie die ersten, meist weiblichen figürlichen Darstellungen von Göttinnen, Muttergöttinnen als Statuen erkennen lassen.

Schutz und Sicherheit beobachteten und erlebten sie täglich bei den Müttern ihrer Gruppe, die die Nachkommenschaft hegte und pflegte, aber auch maßregelte, wenn es nötig war. Es lag also nahe, für eine unerklärliche Schutzkraft etwas zu bestimmen, das sich mit den täglich gemachten Erfahrungen von Wohl und Wehe deckte.

Es wundert deshalb nicht, dass zu den ersten Darstellungen weibliche Figuren gehörten, die vermutlich weniger die Realitäten, sondern eine in die Zeit gehörende Idealisierung der verehrten, aber auch gefürchteten Kraft darstellten.

Die Archäologen sprechen heute von Venusfigurinen, die an verschiedenen Orten gefunden und als Objekte der Verehrung angesehen werden.

Solche Venusfigurinen werden von den Wissenschaften auf das sog. Jungpaläolithikum, ca. 40.000 bis 9.700 v. Chr. datiert.

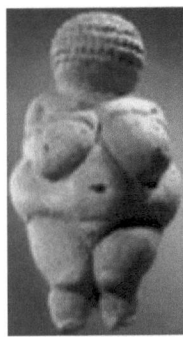

Die Venus von Willendorf aus Kalkstein, Alter: 30 000 - 27 000 Jahre,
© Foto: Postkarte des Wiener Naturhistorischen Museums

Ob es sich tatsächlich um erste Gottesvorstellungen handelt, bleibt, weil kein schlüssiger Nachweis geführt werden kann, letztendlich Spekulation gleichwohl einiges für diese Annahme spricht

Als GOTT, Göttin oder Gottheit werden übernatürliche Wesenheiten bezeichnet, deren hauptsächlichen Eigenschaften darin bestehen, dass sie über unbeschreibliche, der Natur nach nicht erklärbare Fähigkeiten und Mächte verfügen und sie deshalb den Menschen weder erklärbar noch ihr Wesen für die Menschen begreifbar sind. Mythologien und Religionen sehen in GOTT/Göttern ebenso den Ursprung allen Seins wie den/die Gestalter und Erhalter der uns bekannten Welt des gesamten Universums, also eine für alle Bereiche des Seins herrschende, allumfassende Kraft.
In den unterschiedlichen Lebens- und Kulturkreisen bildeten sich entsprechende Vorstellungen über den jeweils gültigen Gott heraus, die, wenn man es näher betrachtet, alle in ihren Erscheinungsformen den Anforderungen der Lebensumstände des in Frage kommenden Volkes entsprachen.
Wir werden zu einem späteren Zeitpunkt erkennen, dass die

Grundstrukturen der jeweiligen Götter wohl unterschiedliche Bezeichnungen trugen, in ihren Funktionen sich aber wenig von den Göttern, die in anderen Kulturkreisen auftraten, unterscheiden.

In der Geschichte der Menschheit kam es später gelegentlich vor, dass durch Kriege den unterlegenen Kulturen die „neue Religion" übergestülpt oder „alte Vorstellungen" sich mit denen der Sieger vermischten. In den sich entwickelnden Kulturen entstanden sukzessive Vorstellungen von Geistern, Engeln, Dämonen, schließlich Göttern, die im Leben der Menschen einen wichtigen, ja häufig einen dominierenden Teil einnahmen. Die Vorstellung, dass die Ahnen die Geschicke des Clans als unsichtbare Autoritäten weiter beeinflussten und mitbestimmten, findet sich in den in vielen Kulturkreisen verehrten Ahnengeister wieder.

Ihre Einwirkung auf die Natur, wie auf das Leben der Menschen war, wie die Forschung heute annimmt, fester Bestandteil des sozialen Lebens der Menschen.
Die Wissenschaft geht heute davon aus, dass die „Wiege der Menschheit" in Afrika stand.

In Westafrika, im Südwesten des heutigen Nigeria, entwickelten sich bei den Yoruba [1] als Göttervorstellungen, die als Orishas bezeichneten Götter.

Orishas stehen für die Yoruba mit den Naturkräften in Verbindung, die als Wasser, Erde, Luft und das Feuer die dort vorhandenen unterschiedlichen Kräfte darstellen, sie waren personifizierte Naturgewalten. Das waren keine „fernen Götter", sie waren den Menschen nahe und vertraut und es gelang nur besonders eingeweihten mit diesen Göttern, wenn sie sich in Trance versetzten, Kontakt aufzunehmen und deren Botschaften zu empfangen. Es zeigt sich bei diesen frühen Gottesvorstellungen die damit verbundenen Religionsentwicklungen, weil die Orisha selbst als rein immaterielle Erscheinungen für die Menschen nicht erkennbar waren. Dazu bedurfte es „Auserwählter", die in der Lage waren, mit der Gottheit Kontakt aufzunehmen und so deren „Botschaften" den Menschen mitzuteilen.

Eine Entwicklung, die die Gottesvorstellungen der Menschen bis heute wesentlich beeinflussen sollte. In altisländischen Schriften der EDDA[2] wird in Skandinavien ein GOTT mit dem Namen „Tiwaz" als GOTT des Kampfes und Sieges genannt, der aber auch als Bewahrer der Rechtsordnung verehrt wird.

Die germanischen Völker des europäischen, nordischen Teiles des Kontinents verehrten „Thor" oder „Donar" für die zur See fahrenden Völker als Gewitter- oder Wettergott, während die bäuerlich germanische Gesellschaft ihn als Vegetationsgott, der vor allem als Beschützer der Welt der Menschen von Midgard betrachtet und verehrt wurde.

Thor (von Mårten Eskil Winge, 1872) gemeinfrei

Wann sich die Ideen eines Glaubens an einen GOTT oder Götter entwickelt haben, ist konkret nicht möglich, weil es zu diesen frühen Zeiten noch keine Schrift als Aufzeichnungsmöglichkeit gab.
Die Archäologie interpretiert aufgefundene Artefakte dahingehend, dass diese nur auf der Grundlage religiöser Kulte, die einen entsprechenden Glauben an bestimmte Entitäten voraussetzen, sinnvoll sind.
Diese Unsicherheit lässt natürlich einen großen Interpretationsspielraum zu, der bisher von den Religionswissenschaften noch nicht endgültig oder zufriedenstellend beantwortet und damit geklärt wurde.
So haben sich die unterschiedlichen Gottesvorstellungen entwickelt, die eine Festlegung auf bestimmte Kulturräume erheblich erschweren.

In der Vorstellung der frühen Menschheit wurden Götter zu übernatürlichen Wesen, denen besondere geistige Fähigkeiten zugeordnet wurden. Diese vorgestellten, angenommenen Götter verfügten über eigene Ansichten und Wünsche, die auf das Verhalten der Menschen reagierten, aber im Wesentlichen unsichtbar blieben.

Dabei musste es sich nicht zwangsläufig um Götter in Menschengestalt handeln, es konnten Steine, Berge, aber auch Pflanzen wie besondere Bäume oder auch ganz bestimmte Tiere sein, deren angenommene und unterstellte menschliche Eigenschaften die Verbindung vom >Göttlichen zum Menschlichen< darstellte.

Die Entwicklung der Gottesbilder

Wie soeben angedeutet, haben sich im Lauf der Entwicklung der Menschen unterschiedliche Gottesbilder entfaltet, die mit dem täglichen Leben der Menschen meist in sehr enger und oft dominierender Beziehung standen.

Unter Göttlichkeit verstanden und verstehen bis heute die Menschen die grundsätzliche Unterscheidung zwischen ihren Vorstellungen von der Welt der Götter, eines Gottes und der Welt der Menschen.

Die Götterwelt umfasste in den frühen Zeiten der Menschheit in manchen Kulturen auch die Tierwelt und stellenweise wurden Pflanzen göttliche Eigenschaften zugeordnet, welche wir heute gelegentlich noch als reine „Heilpflanzen" kennen und nutzen.

In Meyer Konversationslexikon von 1907 findet sich zum Thema Pflanzen und Götter ein interessanter Eintrag:

Heilige Pflanzen, für den Kultus der verschiedenen Religionssysteme bedeutsame Pflanzen, die entweder eine bestimmte religiöse Idee versinnbildlichen, oder einer bestimmten Gottheit geheiligt waren, oder als religiöses Begeisterungsmittel beim Opfer- und Orakelkult, oder als Gottesgerichtsbäume in der Justizpflege eine Rolle spielen. Viele Naturvölker wählen gewisse Bäume als Fetische, an deren Äste sie Zeuglappen oder ihr abgeschnittenes Haupthaar als Opfer hängen; afrikanische Negerstämme machen besonders starke Baobab Bäume zum Ort ihrer religiösen Versammlungen. Auf alten ägyptischen Wandgemälden sieht man die Idee des ewigen Lebens in Gestalt eines Baumes des Lebens dargestellt, aus dessen Wipfel eine Gottheit hervorwächst, die in einem Kruge das „Wasser des Lebens" bewahrt und der in Vogelgestalt unter dem Baume stehenden Seele eines Verstorbenen spendet, wobei auch der dabeistehende Gläubige etwas davon mit der Hand auffängt.

Auf assyrischen Wanddekorationen, Siegeln und Zylindern finden sich Darstellungen eines heiligen Baumes, der manchmal, wie der biblische Baum des Lebens im Paradies, von Cherubim bewacht wird. Darüber schwebt oft eine Gottheit, zur Seite stehen Könige und Priester. Häufig sind neben dem heiligen Baum adlerköpfige Gottheiten dargestellt, die aus Taschen, die sie in der Hand halten,

zapfenförmige Gebilde nehmen, die sie über denselben halten.
Diese Gottesvorstellungen entstammen der Vorstellung, dass alles in der umgebenden Natur in irgendeiner Form beseelt, d.h. von einem Geist oder Geistern ergriffen sind, die außerhalb der für Menschen begreifbaren und erkennbaren Welt vorhanden sein müssten. Daraus leiteten die frühen Menschen die für sie erkennbare Göttlichkeit ab.

Es entstanden die Vorstellungen der Beziehungen zwischen den irdischen Menschen einerseits und der dem menschlichen entrückten und von den Geistern beherrschten Pflanzen- und Tierwelten.
Eine derartige religiös-spirituelle Haltung bezeichnen die Religionswissenschaftler als Animismus, weil damit die gesamte Welt gewissermaßen von einem oder unterschiedlichen Geistern „angehaucht" ist. Eng damit verbunden sein dürfte die Jagdmagie, die bei der Entwicklung magischer Praktiken für die Menschen große Bedeutung gehabt haben musste. Was hat die Menschen bewogen, die Tiere, die sie zu jagen beabsichtigten, in entlegenen Höhlen ohne direktes Tageslicht auf die Höhlenwände zu zeichnen? War es das „magische Motiv", die Darstellung des Tieres eine kultische Handlung, mit der man dem Jagdziel näherkommen wollte?

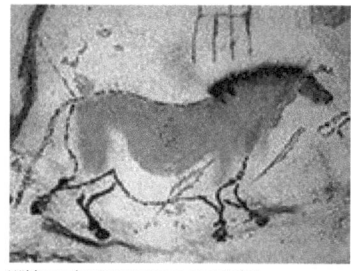

Höhlenmalerei aus Lascaux, gemeinfrei,

Es gibt eine Theorie zur Jagdmagie, die versucht, die Kunst und das spirituelle Empfinden der frühen Menschen zu deuten:

Das Abbild eines Lebewesens, dem Jagdziel, entweder als Zeichnung oder auch als Skulptur, so mögen die Menschen gedacht und empfunden haben, ist das Wesen selbst bzw. sein in ihm enthaltener Geist. Durch das Aufzeichnen oder Herstellung einer entsprechenden Skulptur geben diese dem Ersteller des Werkes die Herrschaft und Macht über das entsprechende Wesen. Das erklärt vielleicht, das bis heute erhaltene Verhalten von Angehörigen von Naturvölkern, die sich nicht fotografieren lassen wollen, weil sie dadurch den „Verlust ihrer Seele" fürchten. Andererseits wurde die Beziehung eben zu den Geistern, den nicht erkennbaren Mächten und Kräften in der Natur, in den Pflanzen, den Gebirgen, aber auch Quellen und Flüssen und auch den Tieren durch für die Menschen geheiligte Sinnbilder - Totem-Zeichen dargestellt. Solche Zeichen dienten als Identifikationszeichen mit einer bestimmten „höheren Wesenheit", die als absolute Autorität anerkannt wurde, und sie stellten gleichzeitig innerhalb und außerhalb der Gruppe das Zeichen der Verbundenheit in der eigenen Gruppe dar.

Die Akzeptanz und Orientierung am Spirituellen war zu dieser Zeit vollständig. Es gab keine Trennung zur Realität, zum Alltäglichen, weil das komplette Leben von den Kulten beherrscht wurde.

Kultische Handlungen vor den lebensnotwendigen Jagden, durch rituelle Verwandlung der Jäger in die zu jagenden Tiere sollten das Jagdglück beschwören.

Vergebungsrituale an der getöteten Jagdbeute sollten Racheakte der den Tieren innewohnenden Entitäten durch Besänftigung abwenden. Der Dank an den „großen Geist" für ein überstandenes Unheil wie für jedes erfolgreiche agieren durch Opfergaben erfolgte mit der gleichen Inbrunst, wie man um Verschonung vor Hunger und Elend bat.

Es ist nicht auszuschließen, dass in der weiteren ethnischen Entwicklung die Angst vor dem alles beherrschenden „großen Geist" das Verbot von Bildern Gottes sowohl in der jüdischen, als auch in der urchristlichen Religion begründete.

Wann und wie entstanden Religionen?

Einen exakten Zeitpunkt, wann Religion entstanden ist, kann man wissenschaftlich fundiert nicht festlegen, weil bestimmte Entwicklungen vor dem Vorhandensein von Schrift eintraten, die deshalb nicht dokumentiert werden konnten. Dabei ist es schwierig, z. B. für die Altsteinzeit festzulegen, was rein kultische Handlungen waren und ob dies bereits als religiös zu interpretieren ist.
Es ist denkbar, dass schon sehr früh die ersten Schöpfungsmythen, die – durch das erlebte und erkennbare Leben und Sterben der Menschen – sich anfangs auf Muttergottheiten bezogen.
Sie waren die Gebärerinnen, aber auch die Herrscherinnen des Lebens; sie gaben und erhielten das Leben aller.
Die Menschen entdeckten eine Ehrfurcht vor dem großen Ganzen dieser Lebensprozesse und entwickelten daraus ein besonderes Empfinden, das als Religiosität bezeichnet werden kann, sich später institutionalisierte und zur Religion bzw. den unterschiedlichen Religionen entwickelte.
Die in Lascaux (Frankreich) vorgefundenen Höhlenmalereien sowie andernorts entdeckten Frauenfigurinen könnten als kultisch-religiös gedeutet werden.

Ausschnitt Mensch mit Vogelkopf und Bison, Höhle von Lascaux, Magdalenien CC BY SA 3 0

Dieses erste abstrakte Denken ermöglichte es, besonderes Empfinden zu entwickeln, was die Voraussetzung für das Entstehen von Religiosität und Religionen war. Dabei ist keine lineare Entwicklung feststellbar, sondern diese Entwicklungen haben sich aufgrund jeweils veränderter Situationen und Bedingungen unterschiedlich entwickelt, so wie sich die

Vorstellungen und Auseinandersetzungen der Jäger und Sammler mit Leben und Tod ergeben haben. Bei der Auseinandersetzung mit dem Leben mögen die Jagderlebnisse, Erfolg oder Misserfolge und den sich daraus ergebenden Konsequenzen für ihr Leben genauso eine Rolle gespielt haben wie das Sterben von Mitgliedern ihrer Gemeinschaften. Es ist nicht auszuschließen, dass diese Malereien man datiert die ältesten auf vor ca. 36.000 Jahren nichts mit Religion zu tun haben, weil man religiöse Entwicklungen bisher in ihren Anfängen vor ca. 10.000 Jahren nach den vorgefundenen Artefakten vermutet. Es ist vorstellbar, aber keineswegs gesichert, dass sich animistische Jagdmythen mit frühen Jenseitsvorstellungen vermischten.

Die Biologen Sabine Paul und Thomas Junker versuchten in dem 2009 erschienenen Buch „Der Darwincode"[5] zu ergründen, ob es für Religion einen evolutionären Nutzen gab. Sie vertreten u. a. den Standpunkt, dass es zwischen Religion und Kunst Zusammenhänge gibt, weil sowohl Kunst als auch Religion einen hohen zeitlichen Aufwand erfordern, um die jeweiligen Ideen und Ziele erfolgreich zu machen.

Außerdem wirkt die Religion, genau wie die Kunst, deshalb gemeinschaftsbildend, weil sie die Fantasie, die Gefühle und die Wünsche der Gruppe zusammenfassen kann. Dabei bleibt unbedingt festzuhalten, dass die Gemeinschaftsbildung durch Kunst eher von freiwilliger Natur ist, während Religionen ihre Gemeinschaften mehr oder weniger starken Zwängen unterwerfen. Freiwilligkeit oder persönliche Interpretation, in der Kunst möglich, schließen Religionen weitestgehend aus. Die vorliegenden archäologischen Funde lassen keine evidenten Schlussfolgerungen zu.

Venus von Tan-Tan [6]

Ob die frühzeitlichen Jäger und Sammler ihre Zeichnungen aus rein ästhetischen Gründen anfertigten oder ob diese Malereien einen wie auch immer gearteten religiösen Hintergrund haben, muss Spekulation bleiben und bietet auch künftig ausreichend Stoff für nachhaltige Diskussionen im Kreis von Wissenschaftlern und Theologen.

Die jüdisch-christliche Religion sieht in dem von GOTT geschaffenen Menschen diesen als Ebenbild Gottes, gleichzeitig wird in den Zehn Geboten ein Bilderverbot festgelegt. Die Anbetung gebührt weder dem von GOTT erschaffenen Menschen noch den von Menschen geschaffenen Abbildern, sondern GOTT allein.
Es ist, das darf man bei den meisten Menschen nicht vergessen, kaum möglich, an einen GOTT zu glauben, ohne sich auch ein Bild von IHM zu machen. Daher hat die christliche Theologie und Philosophie mehrere Mittel entwickelt, um die Gefahren, die dabei bestehen, zu minimieren.
Die Furcht vor dem „großen Geist" war so groß, dass es jüdischen Menschen zusätzlich und ausdrücklich verboten wurde, SEINEN Namen auszusprechen.
Es handelt sich um die Umsetzung des Verbotes des Namensmissbrauches im zweiten der Zehn Gebote der Bibel:

„Du sollst den Namen des Herrn, deines Gottes, nicht missbrauchen".

Dieses Verbot wird im 3. Buch Mose, dem sog. Levitikus in Lev.24,16 sowohl verstärkt und erweitert als auch mit drakonischen Strafen belegt:

„Wer den Namen des Herrn schmäht, wird mit dem Tod bestraft; die ganze Gemeinde soll ihn steinigen. Der Fremde muss ebenso wie der Einheimische getötet werden, wenn er den Gottesnamen schmäht".

Mit diesen Zitaten aus dem >Tanach<, der hebräischen Bibel von Christen als das „Alte Testament" bezeichnet, wird das Verbot der Namensnennung begründet.

Erwähnenswert erscheint in diesem Zusammenhang der Hinweis, dass die Bibel, die als „das Wort Gottes" bezeichnet wird, den Namen >Tanach < aus drei verschiedenen Bibelteilen zusammensetzt:

Thora, die fünf Bücher Mose	= **TA**
die Bücher der Propheten Newiim[9]	= **NA**
sowie die Schriften Ketuvim[10]	= **CH**

Das „Wort Gottes" wurde demnach in unterschiedlichen Zeiten von verschiedenen Menschen geschrieben.

Das Namens-Tabu wurde mit den Inhalten der „heiligen Schriften" begründet; es ist allerdings erstaunlich, dass trotz der klaren Ansage in den Zehn Geboten und dem Blasphemie-Gesetz aus Levitikus die Bibel den Namen schätzungsweise 7.000-mal ausspricht. Religionswissenschaftler vermuten, dass es damit zu tun haben könnte, dass sich mit den „abrahamitischen Religionen"[11] der Monotheismus durchgesetzt und ihr GOTT JHWH[12], nachdem sämtliche fremden „Götter" durch die Übernahme des Glaubens an den EINEN und EINZIGEN GOTT den Platz aller anderen Götter eingenommen hatte und deshalb ein Eigenname zur Unterscheidung unnötig wurde.

Es finden sich in der Bibel >Neues Testament< genau wie im Koran eindeutige Anweisungen dazu, wie Menschen mit „GOTT" umzugehen haben:

Denn es steht geschrieben:
Du sollst den Herrn, deinen Gott, anbeten und
ihm alleine dienen!
Christentum, Evangelium nach Matthäus 4:10

Rufe neben Gott keine andere Gottheit!
Es gibt keine Gottheit außer ihm!
Alles vergeht außer seinem Angesicht.
Islam, Sure 28:88

Die beiden Weltreligionen, Christentum und Islam, leiten aus diesen Schriftstellen u.a. ihren Absolutheitsanspruch ab, die jeweils einzig wahre Religion zu sein.

Das Namens-Tabu hat die Menschen, vor allem in der christlichen Welt, nicht davon abgehalten zu versuchen, den Sinn und den Inhalt des Gottes-Namens zu ergründen. Im jüdischen Kulturkreis umging man das Tabu dadurch, dass man mit verschiedenen Begriffen und Umschreibungen dem Namen näherzukommen versuchte.

Als eine der bekanntesten Übersetzungen des JHWH scheint der Satz:

>> Ich bin, der Ich bin <<

oder: >> Ich bin, der ist << zu sein.

Mir ist eine Interpretation des jüdischen Bibelwissenschaftlers Benno Jacob, Professor an der Hochschule für jüdische Studien in Heidelberg, besonders aufgefallen, der den Begriff so übersetzt:

> JHWH ist das Futurum der geknechteten und leidenden <

Betrachtet man das christlich geprägte Bild Gottes, scheint mit dieser Definition die Kernaussage des Verhältnisses zwischen dem christlichen GOTT und den Menschen treffend beschrieben zu sein.

Was unterscheidet Menschen von erkannten und/oder unterstellten Göttlichen?

Mir scheint, dass es im Grunde nur zwei Faktoren bis heute sind, die das Verhältnis von Menschen zu ihrem GOTT oder ihren Göttern bestimmen:

Einerseits sehen die Menschen sich als Geschöpfe eines Schöpfers, der nicht nur die existierende Welt, sondern auch sich selbst erschaffen hat, haben muss.

Darstellung Christi als Geometer. Miniatur aus einer französischen Bible moralisée, 13. Jahrhundert, gemeinfrei

Andererseits geht man davon aus, dass dieser Schöpfer unendlich, also unerschaffen und unsterblich ist, während der Mensch jederzeit mit dem Tod rechnen muss und darauf hofft, dass er danach in diesem GOTT bzw. den Göttern gnädige Richter über sein Leben findet.

Deshalb war der Tod für die frühen Menschen bis weit in die Neuzeit ein ständiger Begleiter, den man entsprechend fürchtete und auf den man sich durch ein entsprechend „gottgefälliges Leben" vorbereitete:

© WJK Ansicht Schlossgarten Schwetzingen

• *Lehre uns bedenken, dass wir sterben müssen, auf dass*

wir klug werden.
Psalm 90,12

Die Schwierigkeiten von oder über GOTT zu sprechen, haben sich über die Jahrhunderte hinweg nicht verändert, sondern allenfalls eine andere Konnotation erfahren.

GOTT direkt zu beschreiben war und ist unmöglich – es konnten lediglich Versuche über Analogien gestartet werden, die sich mit den Wirkungen durch GOTT beschäftigten oder die Aussagen Gottes interpretieren sollten. Wie solche Aussagen zustande kamen, blieb oft offen und erforderte von den Menschen einen mehr als starken Glauben.

Die menschliche Sprache, ihre Begrifflichkeit, aber auch die Fassbarkeit dessen, was die Menschen als >> GOTT << wahrnehmen, ist zu gering, als dass eine auch nur annähernd zutreffende Beschreibung oder Einschätzung erfolgen könnte.

Es gibt eine Reihe philosophischer Versuche der Klärung dieses Problems, das aber bis heute keine befriedigende Lösung gefunden hat.

Die christlichen Theologen versuchten die Vorstellung (eines) Gottes von Jesus Christus als > Ebenbild Gottes < und über die Botschaft des Neuen Testamentes zu prägen. Es sollte ein Gottesbild aus bedingungsloser Liebe, Barmherzigkeit, Vergebung und Gewaltlosigkeit sein.

Damit es sich nicht mehr um einen für die Israeliten „exklusiven GOTT" handelt, vertraten die Theologen des Neuen Testament die Auffassung, dass mit dem Auftreten des Jesus Christus sich ein GOTT aller Menschen offenbart habe, dessen oberste Maxime die Liebe sei, wie in *Joh.3,16*, erwähnt.

Es gab innerhalb der Christen im Anfang unterschiedliche Vorstellungen und unterschiedliche Gottesbilder:

Die Konservativen stellten sich einen strafenden GOTT, die sich für progressiv haltenden Christen sahen in GOTT einen liebenden, den barmherzigen Vatergott, der alle Sünden verzieh.

Es konnte keine einhellige Ansicht erreicht werden, was sich 1215 beim 4. Lateran-Konzil[72] als Festlegung in Folgendem ausdrückte:

„Zwischen dem Schöpfer und dem Geschöpf kann man keine große Ähnlichkeit feststellen, dass zwischen ihnen keine noch größere Unähnlichkeit festzustellen wäre."

Damit war sowohl das Verhältnis als auch der Vergleich zwischen GOTT und dem Menschen festgelegt und weitere Diskussionen wurden damit (fast) unterbunden.
Diese Erklärungsformel ist bis heute der Leitgedanke katholischer Theologie.

Es bleibt interessant, diese Formel mit den späteren Versuchen mithilfe der Vernunft, die Existenz Gottes (wie immer ER sein mag) zu beweisen, bedenkt man, dass gleichzeitig den Menschen versprochen wurde, dass nach Kreuzigung, Auferstehung und Ausgießung des Heiligen Geistes zu Pfingsten Jesus bis zum Ende der Welt durch den Heiligen Geist andauernd und wirklich unter den Menschen anwesend sei.

Erwähnenswert ist noch, dass das Verbot des Schaffens eines Bildes Gottes so uminterpretiert wurde, dass man zur Vermeidung „Götzenähnlicher Verehrung" die Herstellung von Bildern, Standbildern oder Statuen zwar verboten war, man aber damit nur allzu konkrete, allzu menschliche Gottesdarstellungen gemeint haben wollte.
Ein einziger Besuch in einer katholischen, älteren, aber auch neueren Kirche belegt eindeutig, dass gegen dieses Verbot permanent ungestraft verstoßen wurde und bis heute weiter verstoßen wird.

Es ist mehr als befremdlich, dass die Gottesbilder anderer Religionen von christlichen, insbesondere der katholischen Kirche als Götzenbilder abgelehnt, verdammt und, soweit es möglich war, auch von Missionaren zerstört wurden.

Dabei wurde nicht bedacht, dass viele dieser sogenannten Götzenbilder nicht etwa die Darstellung unterschiedlicher Götter waren, sondern lediglich die unterschiedlichen Aspekte eines Gottes in unterschiedlichen Manifestationen dargestellt wurden.

Die Vielfalt der Götter und Göttinnen

Anders als in den „christlich-abendländisch" dominierten Vorstellungen des Gottesbildes haben sich in weiten Teilen der Welt alternative Gottesbilder entwickelt.
Es ist unmöglich, sämtliche von Menschen entwickelten, Gottesbilder und Gottesvorstellungen umfassend darzustellen.
Trotzdem ist es zum Verständnis und wegen des Vergleiches notwendig, auf die unterschiedlichen Aspekte einiger regionaler und ethnischer Gottesbilder einzugehen.

Berücksichtigt werden muss außerdem, dass die Vorstellungen der Menschen durch die Zusammenfassung in den Religionsgemeinschaften die Gottesbilder entscheidend geprägt wurden.
Verschiedene Kulturen stellen sich die Ursache und den Ursprung der Welt, die Schöpfung als Ei vor, das durch das Heraustreten aus sich selbst die Erschaffung allen Seins bewirkte.

Das Weltenei

Eine andere Vorstellung der Kraft, die alles geschaffen hat, war, dass es Elternwesen gewesen seien, die durch ihre Vereinigung die Welt erschufen. Diese „Eltern" waren in den verschiedenen Mythologien als unerschaffene Wesen > schon immer < vorhanden und galten als die ersten Götter.

Rangi und Papa halten einander in inniger Umarmung 14

Diese Schöpfungsmythen belegen, dass in den Vorstellungen der Menschen sowohl e i n e r als auch m e h r e r e Götter, Göttinnen, Gottheiten oder Naturgeister vorhanden sein konnten.

Polytheistische Religionen kennen mehrere Götter, während die monotheistischen Glaubensvorstellungen nur e i n e n GOTT vorsehen.

Kompliziert wird diese Unterteilung zusätzlich dadurch, dass bei einigen Religionen eine konkrete Abgrenzung zwischen Mono- und Polytheismus deshalb schwerfällt, weil ein GOTT in unterschiedlichen Formen existiert, wie zum Beispiel im Christentum, das die als Glaubenssatz, die > TRINITÄT <, GOTT-Vater, GOTT-Sohn und GOTT-Heiliger Geist festgelegt hat.

Hinzu kommt, dass in verschiedenen Religionen unterschiedliche und dort besonders geltende Personen wie Siddhartha Gautama[15] oder Maria[16] (Mutter Jesu) als gottähnlich oder wie Götter in die Verehrung und Anbetung mit eingeschlossen werden.

Selbst innerhalb verschiedener Glaubensrichtungen kann es je nach Konfession (Bekenntnis)teils sehr unterschiedliche Gottesvorstellungen geben. Im Christentum reicht der Glaube an GOTT vom Tritheismus[17], also an drei unterschiedliche Gottheiten, bis zu der Vorstellung, dass dies drei unterschiedliche Aspekte eines Gottes sind.

Heute agieren die abrahamitischen Religionen[18] ausschließlich und ausdrücklich monotheistisch.

Unabhängig von der Frage, ob Menschen an einen oder mehrere Götter/Göttinnen glauben, stellt sich die Frage nach der Ursache nach deren Herkunft.

Aristoteles[19] spricht von einem „immateriellen unbewegten Beweger", der als >erste Ursache<, der bereits vorhandenen Materie Struktur verliehen haben soll. Daran schließt sich die unbeantwortete Frage an, was die Ursache für die Materie ist? Er umgeht diese Frage damit, dass er die Materie als ewig und unerschaffen bezeichnet.

Platon[20], er war Aristoteles Lehrer, widersprach ihm und postulierte, dass ein Schöpfergott, der Demiurg[21], die ungeordnete Ur-Materie in Form und Ordnung zu einem vernünftigen Ganzen vereint habe.

Die Frage nach der Ursache von GOTT/Göttern/Göttinnen wurde so beantwortet, dass sich einige Götter „selbst erschaffen" haben. Dieser Mythos gilt z. B. für den GOTT Ometecuhtli[22] bei den Azteken oder für den Aborigine-GOTT Baiame[23].

In der christlichen Mythologie wird die Ansicht einer „Schöpfung aus dem Nichts"[24] (creatio ex nihilo) vertreten, bei der GOTT keinerlei Voraussetzungen bedarf.

Aus der monotheistischen christlichen Sicht ist GOTT die a l l e i n i g e Ursache für die Erschaffung des Seins. Selbst Raum und Zeit sind erst durch SEINE Erschaffung einer außerhalb der göttlichen liegenden Wirklichkeit in Erscheinung getreten. Da Christen GOTT als absolut überzeitlich, ohne jegliche Dauer erkennen, kann man über SEINE Ursache nichts aussagen. Auch nicht, ob ER > vor < der Entstehung der Welt existierte, allenfalls, dass ER in einem Zustand „ohne Welt" existent gewesen sein müsste.

Interessanterweise gleichen diese Aussagen den heutigen Wissenschaftstheorien über den „Big Bang", den U r k n a l l.
Davor gab es, nach dem derzeitigen Wissensstand, die Singularität[25] und es ist nicht möglich, vor dem Entstehen von Zeit und Raum durch den Urknall Fragen nach dem Zustand oder einem „davor" zu stellen. Genauso gut könnte man fragen, was > nördlicher als der Nordpol < liegt.

Für die christliche Welt ergibt sich aus der Erschaffung aus dem Nichts, dass alles, was damit entstanden ist, daher außer göttlich ist und in Abhängigkeit von GOTT als wesenhaft relativ Seiendes existiert.
Manche Religionen lehren eine Art Lebenszyklus mit Schöpfung, Vernichtung der Schöpfung und neuer Schöpfung.
Im Hinduismus wird dieser Zyklus – in groben Zügen – so beschrieben:

„Dem Bauchnabel von Vishnu[26] entspringt eine Lotusblume, die den Schöpfergott Brahma[27] freigibt.

Hierbei stellt der Schöpfergott Brahma eine männliche personale Gottheit dar, die sich aus dem Brahman[28] entwickelt hat.
Das Brahman ist die Bezeichnung für das unwandelbare, unsterbliche Absolute, das Höchste. Es bezeichnet die unpersönliche Weltseele, die ohne Anfang und ohne Ende existiert, es ist das letzte Eine, das selbst keine Ursache hat, aber aus dem alles entstanden ist. Die von dem GOTT Brahma erschaffene Welt existiert eine sehr lange Zeit, bis sie sich in Chaos auflöst und der ganze Zyklus erneut beginnt."

Das Om-Zeichen wird als Symbol des Hinduismus wahrgenommen.

Für die antiken Religionen des Nahen Osten, in Mesopotamien oder Ägypten waren Gottesbilder plastische oder gemalte Darstellungen von Göttern, die als realistische Ausdrucksformen entsprechend kultische Verehrung und Anbetung erfuhren. Sie waren auch im alten Griechenland und in Rom vor deren Christianisierung verbreitet.

Sumerische Gottesbilder:
Rollsiegel der Akkad-Zeit; Aufstieg des Sonnengottes Utu zwischen den Bergen.

H. Greßmann, Altorientalische Bilder zum Alten Testament, Berlin Leipzig 2. Aufl. 1927, Abb. Nr. 320

Ein assyrischer Lamassu aus Khorsabad,

Gott-Wesen mit Stierkörper, Flügeln und Menschenkopf / Musée du Louvre, gemeinfrei

Ägyptische Gottesbilder:
Re auf der Reise durch die Unterwelt.

Book_of_Gates_Barque_of_Ra.jpg, gemeinfrei

Griechische Gottesbilder:
Sturz der Titanen, ein Götterkrieg

Der Sturz der Titanen von Peter Paul Rubens, 1637–1638, Musée Royaux des Beaux Arts, Brüssel, gemeinfrei

Japanische Gottesbilder:
Glücksgötter

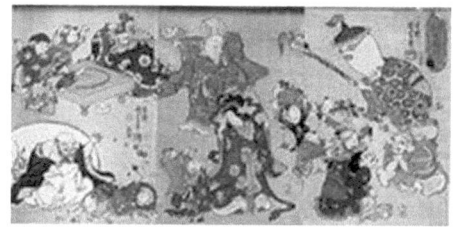

Die Sieben Glücksgötter, Farbholzschnitt von Utagawa Kuniyoshi, 1859, gemeinfrei

Hinduistische Gottesbilder:

Buddhistische Gottesbilder:
Der Buddhismus ist eine der großen Weltreligionen. Im Gegensatz zu anderen großen Religionen ist der Buddhismus keine theistische Religion und hat als sein Zentrum nicht die Verehrung eines allmächtigen Gottes.
Die Glaubenssätze der meisten buddhistischen Lehren beruhen auf umfangreichen philosophisch-logischen Überlegungen.
Der Buddhismus ist keine Offenbarungsreligion in dem Sinne, dass er sich nicht auf eine göttlich inspirierte Schrift bezieht.

Brahma (Person) in Brahman (Gott, Einheitsbewusstsein).
Das Einheitsbewusstsein entsteht durch die gleichzeitige Meditation in alle Himmelsrichtungen (vier Gesichter).
Gemeinfrei

Die jüdische Religion verbietet ausdrücklich das Anfertigen und Verehren von Gottesbildern. Es gibt daher in der jüdischen Religion eine besonders starke Symbolsprache, die GOTT umschreibt. Aus Respekt machen sich Juden kein Bild von GOTT.

Das „Bilderverbot", das in den Zehn Geboten zu finden ist, nehmen sie sehr ernst.

Der Leuchter in Sacharjas Vision (Buchmalerei von Josef Asarfati, Biblia de Cervera, um 1300, Biblioteca Nacional de Portugal), gemeinfrei

Das Bilderverbot im Islam ist nicht durch entsprechende Stellen im Koran belegt, sondern ist das Ergebnis einer sehr kontrovers geführten Koranexegese in der islamischen Traditionsliteratur und Rechtsprechung mit dem Ergebnis, dass es sich in der sog. Hadith-Literatur durchgesetzt hat, auf bildliche Darstellungen von Menschen und Tieren sowohl im profanen, als auch im religiösen Bereich zu verzichten, weil es als Verstoß gegen den Willen Allahs betrachtet wird.

Allah in Kalligraphie

Der Glaube an die unterschiedlichsten Götter, Göttinnen und höchste Wesen, die die Welt erschaffen haben, ist in gewisser Weise rund um den Erdball zu finden. Diese „Schöpfer" sind für die Menschen gelegentlich > nicht aktiv < oder sie nehmen in der täglichen religiösen Praxis keine besonders dominierende Position ein.
Für die Menschen ist seit jeher der Glaube an die Kräfte, die ihr Alltagsleben bestimmen, der wichtigere. Diese für die Menschen > heiligen Kräfte <, erfuhren unterschiedliche Beachtung in unterschiedlichen Formen:
Die Verehrung der Verstorbenen, die oft nicht nur als „Geist", sondern als Mumie weiter mitten unter ihnen existierten und wie ein noch lebendes Mitglied der Gemeinschaft gesehen und im Ahnenkult ebenso behandelt wurden, gehörte dazu.

In fast allen Kulturen waren die Sonnengötter weitverbreitet und fanden höchste Verehrung, weil den Menschen schnell klar geworden war, dass die Sonne als Licht- und Lebensspender die Natur wie die Menschen erhält und fördert. Deshalb wurden und werden diese Himmelsgötter bis zum heutigen Tag von den Völkern verehrt und angebetet. Die Menschen erkannten die Macht der Sonne, die nicht nur Leben spenden, sondern auch töten kann und versuchten mit Opfergaben unterschiedlichster Qualität – bis hin zu Menschenopfern – sich das Wohlwollen der Sonnengötter zu sichern.
Die Sonnenanbetung war in Ägypten, Mittelamerika, genauso wie in Asien verbreitet. Der Sonnengott Ägyptens, Atum-Re, die große Urgottheit aus Heliopolis, *„Der sich selbst erschaffen hat"*, war der Mittelpunkt höchster Verehrung im Alten Reich

Darstellung des Amun-Re, gemeinfrei

Unter den Namen Huitzilopochtli oder Vitzliputzli findet man in der aztekischen Mythologie einen Kriegs- und Sonnengott, für den Menschen das Herz bei lebendigem Leib herausgeschnitten und ihm geopfert wurde.

Darstellung des Huitzilopochtli aus dem Codex Telleriano-Remensis, gemeinfrei

Die Menschen beobachteten die Natur und stellten fest, dass die Gezeiten der Meere mit den Mondphasen in unmittelbarem Zusammenhang stehen. Der sumerische GOTT Nanna herrschte über das Wasser und die iranische Göttin Ardvisura Anahita war die Göttin des Wassers und gleichzeitig ein Mondwesen.
Ebenfalls Mondgöttinnen:
Istar, die Fruchtbarkeitsgöttin in Mesopotamien oder Selene, Mondgöttin in der griechischen Mythologie. Der Lauf der Gestirne und die ihnen innewohnenden Götter regelten sowohl die Zeit als auch viele Naturerscheinungen, weshalb diesen Gottheiten Allwissenheit unterstellt wurde.
Neben den als Himmelsgöttern bestimmten Gottheiten sprachen die Menschen den ihnen erkennbaren meteorologischen und astronomischen Phänomenen göttliche Eigenschaften zu.
Die Einwirkungen des Wetters erfasste sie unmittelbar und astronomische Phänomene wie Sternschnuppen oder Sonnen- und Mondfinsternisse ließen sie furchtvoll an allmächtige, das Weltgeschehen steuernde Götter glauben.

Die Begleiterscheinungen des Wetters wie Blitz und Donner waren die Sprache, in der sich die Götter ihnen verständlich machten, auch wenn die Menschen die Sprache des betreffenden Gottes nur interpretieren, aber nicht wirklich verstehen konnten.

Blitz und Donner sind in der nordischen Mystik Attribute des Gottes Thor, dessen akustisch effektvolles Auftreten den indogermanischen Gottheiten Jupiter oder Zeus in nichts nachsteht. Sein Donnerkeil wird mit einem Blitz donnernd zur Erde geworfen und trifft dort Gegner oder warnt die Menschen.

In den Veden[29] gilt Indra[46] als der, der jeden Widerstand zerschmettert. Es ist der höchste kriegerische GOTT. Gleichzeitig ist er der GOTT der Fruchtbarkeit, den produktiven Kräften der Natur, der Schöpfung und sorgt als GOTT des Regens für gute Ernten.

Wegen all dieser Eigenschaften ist er der berühmteste GOTT aus der vedischen Zeit und wird auch als der Götterkönig bezeichnet.

Indra mit Donnerkeil (vajra) auf dem Elefanten Airavata, Somanathapura (um 1265)

Eine der ersten Erscheinungen eines Gottes in der Natur oder der Welt der Menschen als Erd-Gottheit, wurde in der Fruchtbarkeit einer Mutter gesehen. Im Gilgamesch-Epos[30] wird mit der Göttin Siduri eine der frühesten Manifestationen der Fruchtbarkeit benannt. Diese Position wurde später von Gaia[31] in der griechischen Mythologie zugesprochen und übernommen.

Darstellung der Gaia in einem syrischen (aus Qasr al-Hayr al-Gharbî) Bodenfresko um 730, gemeinfrei

Die Entwicklung der Landwirtschaft führte zu einer Neuorientierung und Umwandlung der Wünsche und Bitten an die Götter und Göttinnen.

Anfangs, d.h. in prähistorischen Zeiten, war es wichtig, dass man überhaupt ernten konnte, weshalb man sich Hilfe für Wachstum und reiche Ernten erbat. Mit der wachsenden Anzahl von Menschen wurde es immer wichtiger, dass die neu kultivierten Pflanzen optimal gedeihen sollten. Demeter[32] löste als Göttin der Fruchtbarkeit der Erde, des Getreides, der Saat und der Jahreszeiten Gaia in der griechischen Mythologie ab.

Derartige Neuorientierungen belegen, dass die mystischen Wünsche an die Götter auf die alltäglichen Bedürfnisse der Menschen damals wie heute ausgerichtet sind.

Die Zahl der Götter und Göttinnen für die unterschiedlichen Wünsche, Hoffnungen und Ansprüche der Menschen sind nahezu unendlich und je nach Region und ethnischen Kulturen in den Erscheinungen unterschiedlich, in den ihnen zugedachten Funktionen meist sehr ähnlich. Neben den „guten Geistern" für das Sammeln und Jagen entwickelten sich Gottesvorstellungen für die Vegetation, die Ernte, das Wetter, die Schutzgötter für Reisen, den Handel, eigentlich für alle nur denkbaren Angelegenheiten der Menschen.

Immer und überall gab es einen GOTT, eine Göttin, die man um Schutz und Unterstützung anrufen konnte oder denen man opferte, damit sie den Menschen wohlgesonnen waren.

Manchmal hat es etwas genützt!

Die sozialen Funktionen der Götter

Betrachtet man die Entwicklung der unterschiedlichen Gottheiten, stellt sich die Frage nach deren Funktionen in und für die menschlichen Gesellschaften.

Wozu so viele Götter?

Welchen Sinn und Zweck erfüllen sie in den menschlichen Gemeinschaften?

Die Antwort auf diese Fragen offenbart, dass es einerseits ziemliche klare „Aufgabenbereiche" für die Gottheiten, aber gleichzeitig häufig Vermischungen unterschiedlicher Funktionen vorliegen.

Eine der wichtigen Aufgaben von Göttern/Göttinnen ist die Vorgabe von Werten für gesellschaftliche Ordnungen und der Moral, als deren Hüter diese Gottheiten betrachtet werden.

Daraus erfolgt zweierlei:

Um dieser Aufgabenstellung gerecht zu werden, müssen die Menschen unter permanenter Beobachtung der Götter/Göttinnen stehen und sich dabei bewusst sein, dass sie für ihre Handlungen zur Verantwortung herangezogen und dementsprechend bestraft oder belohnt werden. Dafür stehen weitere Gottheiten zur Verfügung, die direkt durch Gewährung von „Glück im Leben" belohnen, oder den Menschen nach seinem Tod in der >> jenseitigen Welt << mit drastischen, teils „ewig währenden" Strafen belasten.

In den verschiedenen Gesellschaften entwickelten sich hierzu unterschiedliche Vorstellungen:

Während im Bereich der indischen Mythologie die Gottheiten Varuna[33], Mitra[34] und Aryaman[35] diese Aufgaben übernahmen, wurde in der jüdischen Religion JHWH[12] sowohl als Urheber, Beobachter und Richter für die Einhaltung der Gesetze gesehen.

In der römischen wie der griechischen Mythologie übernahmen als „Himmelsväter" Jupiter[36] und Zeus[37] diese Aufgaben.

Die sumerisch später babylonischen, Religionen verlangten von ihren Bürgern Güte, Wahrheit, Gerechtigkeit und Weisheit und das Befolgen von Gesetzen und der vorgegebenen Ordnungen. Ein Verstoß gegen diese Regeln zog nach ihren Glaubensvorstellungen eine Bestrafung durch die Götter, derer es zahlreiche in Babylon gab, nach sich. Nur in der „Versammlung der großen Götter"[38] konnte Vergebung erreicht werden.

Antiker sumerische Siegelabdruck mit dem Gott Dumuzid, der in der Unterwelt von Galladämonen gefoltert wird.   Britisches Museum, gemeinfrei

Neben den einzuhaltenden Ordnungen war es in allen bekannten Glaubenssystemen, die sich mit den unterschiedlichen Götterbildern entwickelt hatten, zu allen Zeiten wichtig, dass es eine Fruchtbarkeitsgottheit gab, die für die Fruchtbarkeit der Felder und der Tiere, die für den Lebensunterhalt unverzichtbar waren, angesprochen werden konnte. So unterschiedlich die Namen und Erscheinungsformen der Gottheiten sind, so vergleichbar waren ihre Aufgaben und Wertstellungen:
Im Zweistromland – Mesopotamien – wurden als GOTT des Regens Hadad[39] und Nergal[40] und Tammuz[41] als Götter, die für die Fruchtbarkeit der Felder und ihrer Ernten verantwortlich waren, verehrt.
Die Fruchtbarkeitsgöttin des griechischen Götterhimmels war Demeter[32].
In der römischen Mythologie wurden diese Positionen von den Gottheiten des Ackerbaus Ceres[42] und für den Ertragsreichtum von Ubertas[43] eingenommen.

Die germanische Göttin der Fruchtbarkeit ist Freya[44], sie ist neben der Fruchtbarkeit auch für die Liebe zuständig.

Xipec Totec[45] war der Kriegs- und Fruchtbarkeitsgott der Azteken. Die Opferung für Xipe Totec sollte einen positiven Einfluss auf die Natur haben, in den Veden[29] fällt diese Aufgabe dem GOTT Indra zu.

In den Vorstellungen der Menschen griffen manche Götter nicht nur „unsichtbar" in das Weltgeschehen, wie das beim Wachstum und dem Gedeihen der Vegetation und durch reiche Ernten erkennbar werden sollte, ein, sondern setzten physische Mächte und Kräfte ein, um dem ihnen Untertan ergebenen Völkern zu helfen und sie vor Feinden zu schützen.

Solche Kriegsgötter findet man in fast allen Religionen mit unterschiedlichen Namen und als Teil von Gottheiten, die neben dem kriegerischen agieren, auch für andere Bereiche zuständig waren.

In den Veden[29] ist dies GOTT Indra[46].

Die Babylonier hofften bei Auseinandersetzungen mit fremden Völkern auf den Schutz und die Hilfe von Marduk[47].

Die Griechen sahen in Athene[48] ihre Beschützerin, während die Römer auf den klassischen Kriegsgott Mars[49] hofften.

Selbst in dem oft als besonders friedlich geltenden Hinduismus gibt es eine Gottheit Durga[51], deren Unterstützung für den Fall von Auseinandersetzungen mit anderen Völkern angefordert wird.

Durgas Kampf gegen den Büffeldämon Mahisasur, Ambika-Mata-Tempel, Jagat (Rajasthan, 10. Jh.) gemeinfrei

In jeder der zahlreichen Schlachten gab es Verletzte und Kranke, die genauso der Heilung bedurften wie die, bei denen Krankheiten oder Leiden ohne Kriege ausgebrochen waren.

So wie Gottheiten Krankheiten und Tod bringen konnten, musste es auch solche geben, die Kranke heilen oder die Toten beschützen konnten.

Eine der bekanntesten dieser Art von Gottheiten ist der griechische GOTT Asklepios[51], der als GOTT der Medizin und Heilkunst verehrt wurde.

Die ägyptische Göttin Hathor[52] wurde unter anderem als Behüterin der Toten geehrt, die den täglich in die Unterwelt untergehenden Sonnengott beschützte, um ihn am nächsten Morgen wieder aufgehen zu lassen.

Marmorstatue des Asklepios, röm. Kopie nach einem griech. Originalaus dem 5. Jahrhundert, gemeinfrei

Göttin Hathor – Meyers Koversationslexikon

Wie bereits eingangs erwähnt, wurde das Leben der Menschen von der engen Verbindung und Abhängigkeit von den Launen und dem Wohlwollen der Götter/Göttinnen, Geistern und Dämonen beherrscht. Deshalb hatten viele Wohnstätten, Gemeinden, Dörfer und Städte ihre eigenen Götter, die meist als Gründer oder als Beschützer der Siedlungen gedacht waren, deren Schutz sich gelegentlich aber auch als Ursache für Katastrophen und Krankheiten mit dem damit verbundenem Elend herausstellten. In der römischen Mythologie war diese Rolle an Vesta[53,] als Hüterin des häuslichen Feuers und Göttin von Heim und Herd vergeben.

Die damaligen Götter finden sich bis heute in christlichen Gemeinden in den Ortsheiligen wieder, die so festgelegt wurden, dass das örtliche Gotteshaus, die Kirche, einem der zahlreichen christlichen Heiligen geweiht wird, der dann den symbolischen Schutz über die gesamte Gemeinde übernimmt. Jährlich wurden vom 9. Bis 15. Juni die Vestalien gefeiert, ein Fest zu Ehren der Göttin. In christlichen Gemeinden wird alljährlich das „Kirchweihfest" zu Ehren des christlichen Heiligen gefeiert, dem das Gotteshaus geweiht wurde. Auch wenn die Bedeutung der „Kirchweih" stark nachgelassen hat, ist „Kirmes" oder „Kerwe" bis heute häufig ein traditionell großes Fest.

Hans Bol: Bäuerliche Kirmes. 2. Hälfte gemeinfrei

größte Kirmes-Eierkrone der Welt, D-56170 Bendorf

Die Eigenschaften Gottes, der Gottheit(en)

Götter verfügen aus der Sicht der Menschen oft über ausgesprochen menschliche Eigenschaften.
Während einige als ausgesprochen gutmütig und sanft gelten, handelt ein vergleichsweise großer Anteil der Götter eher zornig und grausam.
So trägt die indische Gottheit Kali[54] widersprüchliche Eigenschaften in sich, weil sie einerseits eine Göttin des Todes und der Zerstörung, andererseits aber auch die Gottheit der Erneuerung ist.
In der Mythologie der Azteken verkörpert Coatlicue[55] die Göttin, für die Menschen das Herz aus dem Leib gerissen wurde, um sie der Sonne als Spenderin allen Lebens zu opfern.
Die ambivalenten Eigenschaften finden sich selbst in den jüdischen Vorstellungen über ihren GOTT JHWH, dessen Namen auszusprechen Juden verboten ist. JHWH wird in der Thora sowohl als der Milde wie der Zornige und nachtragend Strafende darstellt:

> *„6... Herr, Herr, GOTT, barmherzig und gnädig und geduldig und von großer Gnade und Treue,*
> *7 der da Tausenden Gnade bewahrt und vergibt Missetat, Übertretung und Sünde, aber ungestraft lässt er niemand, sondern sucht die Missetat der Väter heim an Kindern und Kindeskindern ins dritte und vierte Glied.....“*
> 2.Mose 34, 6+7

Platon betrachtete GOTT als das moralisch Beste, das Vollkommene. Er beschreibt in seinem Spätwerk „Timaios"[56] diese Vollkommenheit als ein in sich geschlossenes Ganzes, dass sich in seiner Vollkommenheit nicht verändern kann, weil es auf sich selbst gerichtet und ein Selbstzweck geworden ist.
Betrachtet man die Götter des griechischen Pantheons dann handeln diese ganz im Gegensatz zu Platons Gottesbild allzu menschlich in ihrem oft unmoralischen Tun. Der Göttervater Zeus, ein klassischer Schürzenjäger, der, obwohl mit Hera verheiratet, ständig anderen Frauen in unterschiedlichen Verwandlungen nachsteigt und sich dabei nicht scheut, selbst die Gestalt eines Schwans bei Leda oder die

eines Stieres bei Europa, anzunehmen.

Er zeugt uneheliche Nachkommen und lässt sich auch von seiner Gattin, die in Wirklichkeit seine Schwester ist, von diesem Treiben nicht abhalten.

Die Tragödienstoffe der Dichter des Altertums sind meist Familiengeschichten, deren Ausweglosigkeiten sprichwörtlich und selten Geschichten über das Glück sind. Götter treten sogar in Wettstreit mit Menschen, den diese dann regelmäßig verlieren.

Denkt man an die Geschichte von Orpheus und Eurydike, erlebt man, wie Orpheus, dessen Musik und Gesang ihm den Weg ins Totenreich möglich machte, am Ende seine Liebste doch an den GOTT der Unterwelt – Hades – verlor.

Vergessen wird dabei gerne, dass die Todesursache der Eurydike ein Schlangenbiss war, als sie vor Aristaios[57], dem Sohn des Gottes Apoll, auf der Flucht war, der zuvor erfolglos versuchte, sie zu vergewaltigen.

Neben diesen für Menschen relativ klar zu erfassenden und zu begreifenden Eigenschaften schrieb man nach und nach den Göttern, Göttinnen und Gottheiten zusätzlich eine Reihe von übernatürlichen Eigenschaften zu, die sie über alle anderen Wesen erhoben und ihnen einen besonderen, übersinnlichen, metaphysischen Status gewährten.

Sie wurden

- unsichtbar
- allwissend
- allmächtig
- allgegenwärtig
- unsterblich
- unendlich

Dadurch veränderten sich das Verhältnis und die Beziehungen zwischen der Welt und den Göttern, je nach interpretierter Mythologie, zum Teil sehr unterschiedlich.

Transzendenz, Immanenz und andere Eigenschaften

Diese Begriffe fallen im Zusammenhang mit Religion, aber auch Philosophie immer wieder und müssen zum besseren Verständnis an dieser Stelle erläutert werden:

Mit > Transzendenz < bezeichnet man in der Religion, der Theologie und der Philosophie das Verhältnis zu Dingen in einem Bereich von möglichen Erfahrungen oder die Begrifflichkeit des Verhältnisses zu den Dingen. Danach ist transzendental das, was außerhalb der Möglichkeit der Erfahrung oder der üblichen Sinneswahrnehmung liegt und unabhängig vom Betrachter existiert. Transzendenz übersteigt die endliche Erfahrungswelt zur Erkenntnis des Urgrundes hin nicht auf die Form, dass sich der Urgrund erkennend auf das Sein richtet. Weil die Begriffsbedeutung in religiöser oder philosophischer Hinsicht unterschiedliche, teils zeitlich bedingte Interpretationen anbietet, beschränke ich mich hier auf die christlich-jüdische Auslegung in Bezug auf das gedachte Gottesbild dieser Mythologie.

Otto van Veen, Emblem „Was kein Auge gesehen und kein Ohr gehört hat" (1 Kor 2,9)gemeinfrei

Die Theologen haben die Menschen gelehrt, dass der christlich-jüdische GOTT außerhalb der von IHM erschaffenen Welt unfassbar für die Menschen existiert. Seine Anwesenheit im Menschen und durch den Glauben der Menschen an IHN und SEINE in der Welt vorhandenen Existenz beschreibt aber SEINE Immanenz im Sein der Welt.

Als >Immanenz< wird im gleichen Kulturkreis das in den endlichen, erkennbaren Dingen und dieses nicht überschreitende Erklärbare gesehen, also das, was in den Dingen enthalten und sich aus der jeweils individuellen und objektiven Daseinsform darstellt. Waren in vielen mythologischen Religionen die Götter und Göttinnen immanent in das Sein in die vorhandene Welt agierend mit eingebunden, spielte der jüdische GOTT eine absolut transzendente Rolle, weil er außerhalb der Möglichkeit der Erfahrung oder der üblichen Sinneswahrnehmungen liegt und unabhängig von jeglichen Betrachtern existiert. Die Transzendenz ging über das übliche Maß derart hinaus, dass das Verbot der Namensnennung diese Transzendenz bis heute in besonderer Weise betont.

Aus jüdisch-christlicher Sicht nahm Satan als Personifikation des Bösen eine Sonderposition ein.

Für die Juden ist er ein Geschöpf, das immanent in der Welt agiert. In der christlichen Mystik ist er die „Gottheit des Bösen" und als solcher Teil der Welt und deshalb, weil nicht erkennbar von immanenter Transzendenz.

In fast allen Kulturen und den dort sich entwickelnden Religionen wurde die Vorstellung eines allwissenden Gottes ausgebildet und gepflegt. Dieses Allwissende bezog sich vor allem auf die von Menschen begangenen, schlechten und bösen Taten, die von GOTT registriert und bei der Beurteilung eines Verstorbenen hinzugezogen wurden.

In vorsokratischer Zeit, im 6. Jahrhundert v. Chr. Wurde die Allwissenheit Gottes beschrieben und im Tanach, Psalm 139 heißt es:

1 Für den Chormeister. Von David. Ein Psalm. Herr, du hast mich erforscht und kennst mich.
2 Ob ich sitze oder stehe, du kennst es. Du durchschaust meine Gedanken von fern.
3 Ob ich gehe oder ruhe, du hast es gemessen. Du bist vertraut mit all meinen Wegen.
4 Ja, noch nicht ist das Wort auf meiner Zunge, siehe HERR, da hast du es schon völlig erkannt.

5 Von hinten und von vorn hast du mich umschlossen, hast auf mich deine Hand gelegt.

6 Zu wunderbar ist für mich dieses Wissen, zu hoch, ich kann es nicht begreifen.

7 Wohin kann ich gehen vor deinem Geist, wohin vor deinem Angesicht fliehen?

8 Wenn ich hinaufstiege zum Himmel – dort bist du; wenn ich mich lagerte in der Unterwelt – siehe, da bist du.

9 Nähme ich die Flügel des Morgenrots, ließe ich mich nieder am Ende des Meeres,

10 auch dort würde deine Hand mich leiten und deine Rechte mich ergreifen.

11 Würde ich sagen: Finsternis soll mich verschlingen und das Licht um mich Nacht sein!

12 Auch die Finsternis ist nicht finster vor dir, die Nacht leuchtet wie der Tag, wie das Licht wird die Finsternis.

13 Du selbst hast mein Innerstes geschaffen, hast mich gewoben im Schoß meiner Mutter.

14 Ich danke dir, dass ich so staunenswert und wunderbar gestaltet bin. Ich weiß es genau: Wunderbar sind deine Werke.

15 Dir waren meine Glieder nicht verborgen als ich gemacht wurde im Verborgenen, gewirkt in den Tiefen der Erde.

16 Als ich noch gestaltlos war, sahen mich bereits deine Augen. In deinem Buch sind alle verzeichnet: die Tage, die schon geformt waren, als noch keiner von ihnen da war.

17 Wie kostbar sind mir deine Gedanken, GOTT! Wie gewaltig ist ihre Summe.

18 Wollte ich sie zählen, sie sind zahlreicher als der Sand. Ich erwache und noch immer bin ich bei dir.

19 Wolltest du, GOTT, doch den Frevler töten! Ihr blutgierigen Menschen, weicht von mir!

20 Sie nennen dich in böser Absicht, deine Feinde missbrauchen deinen Namen.

21 Sollen mir nicht verhasst sein, HERR, die dich hassen, soll ich die nicht verabscheuen, die sich gegen dich erheben?

*22 Ganz und gar sind sie mir verhasst, auch mir wurden sie zu
Feinden. 23 Erforsche mich, GOTT, und erkenne mein Herz, prüfe mich
und erkenne meine Gedanken!*
*24 Sieh doch, ob ich auf dem Weg der Götzen bin, leite mich auf dem
Weg der Ewigkeit!*
Einheitsübersetzung Bibel 2016

In den abrahamitischen Religionen, bei Juden, Christen und
Muslimen ist die Allmacht Gottes das übereinstimmende Konzept des
Glaubens. Dieses Konzept findet sich weltweit in den
unterschiedlichen Religionen wieder und ist erkennbar an der
Beschreibung mächtiger Göttergestalten, deren Beinamen „der
Allmächtige" weitverbreitet sind. Die Macht des jeweiligen Gottes
wird oft mit der Natur oder mit menschlichen Belangen in
Verbindung gebracht.

Eine weitere und weitverbreitete Eigenschaft von GOTT, Gottheiten
und Göttinnen ist die Allgegenwart, gelegentlich verbunden mit dem
Attribut der Allwissenheit mit der Folge, dass ein so ausgestatteter
GOTT überall gleichzeitig alles sehen und wissen kann.

Einige Kulturen verbinden die Gegenwart ihres Gottes mit
bestimmten Örtlichkeiten wie Gebirgen, aber auch mit und in
besonderen Pflanzen, Sträuchern oder in besonderen Bäumen.

Wegen der für die Menschen nicht erfassbaren Herrlichkeit der
Erscheinung eines Gottes werden GOTT, Götter und Göttinnen meist
als unsichtbar oder für Menschen nicht erträgliche Erscheinung
geschildert.

Moses kann nach der Schilderung im Tanach, Ex. 3.1-4.17 mit GOTT
nur durch die Erscheinung aus einem brennenden Dornbusch
sprechen und seinen Auftrag zur Führung seines Volkes in das
„gelobte Land Israel" erfahren.

Götter zeigten sich in den Mythologien meist durch
Lichterscheinungen und kommunizierten durch Donner mit den
Menschen, was eine nachvollziehbare Erklärung für aufgetretene
Verständnisschwierigkeiten sein könnte.

Betrachtet man die zahllosen Beinamen für die jeweiligen Gottheiten, Götter oder einen speziellen GOTT, so ist immer wieder die Bezeichnung „der Ewige" oder „der Unendliche" zu finden. Besonders die erwähnten monotheistischen Religionen wie jüdischer Glauben, das Christentum und der Islam sehen ihren GOTT und dessen ‚Reich' als das > ewig existierende < das denen, deren Lebensführung und Glauben sie nach ihrem körperlichen Tod zu ihrem GOTT gelangen lassen, >ewiges Leben< in Aussicht stellt. Die Vergänglichkeit des irdischen Seins wird gegen die Ewigkeit gestellt, die ohne das Phänomen Zeit ohne ein Ende „ewig weiter existiert", weil die Ewigkeit weder einen zeitlichen Anfang noch ein zeitliches Ende besitzt. Da Menschen aber einen zeitlichen Anfang haben, interpretieren Religionen Ewigkeit als Qualitätsbegriff. Für den Glauben beginnt die Ewigkeit mit der Erkenntnis Gottes, der beim Tod mit dem Übergang in ein vollendetes, ewiges Leben mündet, das seinen Anfang aber schon mit der >symbolischen Neugeburt< durch die Erkenntnis Gottes seinen Anfang gefunden hat.[69]

Symbolisch wird diese ‚Neugeburt' durch das Taufkleid des Täuflings dokumentiert, das mit seiner weißen Farbe die Reinheit des neu geborenen Menschen darstellt.

Mystiker betrachten vermutlich deshalb die Ewigkeit als ein Leben in einer von zeitlichen Unterschieden befreiten Gegenwart.

Meister Eckhardt[70] sagt dazu:

„Das Nun, darin GOTT den ersten Menschen schuf, und das Nun, darin der letzte Mensch vergehen wird, und das Nun, darin ich spreche, die sind gleich [...] und sind nichts als ein Nun. [...] darum ist in ihm [dem Menschen, der in der Gegenwart lebt] weder Leiden noch Zeitfolge, sondern eine gleichbleibende Ewigkeit."

Religionswissenschaftler streiten bis heute darüber, ob Meister Eckhardt als Mystiker anzusehen ist.

Das vorherige Zitat scheint mir in Eckhardts Beschreibungen des „Seelengrunds" eine schlüssige Erklärung der Ewigkeit zu sein.

Meister Eckhart, zeitgenössische Darstellung, gemeinfrei

„Das Auge, mit dem ich GOTT sehe, ist das gleiche Auge, mit dem GOTT mich sieht."
Meister Eckhardt

Die Religionsentwicklungen

Es entwickelte sich der klassische Theismus, der Glauben an die Existenz eines oder mehrerer Götter, die in der Welt nicht zu finden sind, aber die Welt lenken und im Bedarfsfall auch in das Weltgeschehen eingreifen und die gleichzeitig ewig existieren und unveränderlich sind.

Als typisch für theistische Religionen den Theismus gelten die sog. Abrahamitischen Religionen.

Der Name ergibt sich durch die Tatsache, dass der „Urvater" von Juden, Christen und Muslimen, >Abraham[58]< war.

Für Juden, Christen und Muslime war er der erste Mensch, der an den einzigen GOTT glaubte, ihm absolut vertraute und sogar einen Bund mit ihm schließen durfte. Damit ist er für diese und noch einige andere Glaubensgemeinschaften wie die Bahai[59], die Aleviten[60], die Samariter[61], die Drusen[62], Mandäer[63], aber auch für die Rastafaris[64] der gemeinsame Ur-Vater ihrer Religionen.

- Das Judentum:
  Alle Juden sind „Kinder Abrahams", also eine Abstammungseinheit.
- Das Christentum:
  Für das Neue Testament hat Jesus Christus an denen, die an ihn glauben, die Verheißungen Abrahams erfüllt und sie in die Gotteskindschaft einbezogen, sodass sie Anteil an den Verheißungen für das Volk Israel erhalten. Abrahams Glaube und Gehorsam sind ein großes Vorbild.
- Der Islam:
  Ibrahim gilt als Stammvater der Ismaeliten, die noch vor dem Erben Isaak in der Bibel die Zusage Gottes auf Nachkommenschaft und Segen erhalten. Er gilt als bedeutender Prophet, der allen Menschen den einzig wahren GOTT verkündete und zugleich Vorbild für Glaubenstreue und Gerechtigkeit ist.

  Quellenhinweis: https://de.wikipedia.org/wiki/Abrahamitische_Religionen

Eine weitere Spielart des Glaubens an einen GOTT manifestierte sich unter dem Begriff Deismus, der sich weder dogmatisch darstellte, also keine bindenden Religionslehren vorsah, noch sich auf übernatürliche Offenbarungen des einen Gottes berief.
Nach seiner Entstehung in der zweiten Hälfte des 16. Jh. und in seiner Blütezeit während der Aufklärung als eines der frühen Produkte der Aufklärung legte der Deismus für sich als Glaube den an einen GOTT fest und ging davon aus, dass sich dieser nach der Schöpfung des Seins daraus zurückgezogen habe und seitdem nicht mehr in das Geschehen der Welt eingreift.
G.W. Leibnitz[65] stellte sich GOTT als einen Uhrmacher vor, der ein perfektes Uhrwerk erschaffen habe, das seitdem von selbst weiterläuft und keinerlei Eingriffe bedarf.

Im 16. Jahrhundert stellte der italienische Priester und Philosoph Giordanao Bruno[66] die These auf, dass GOTT mit der gesamten Schöpfung ein unendliches Ganzes bildet. Daraus schloss er auf die Unendlichkeit des Weltraumes und daraus bedingt, dass das Universum ewig existiere, was den Vorstellungen der römisch-katholischen Kirche zuwider- lief, die damals noch auf dem geozentrischen Weltbild, also die Erde als Mittelpunkt der Schöpfung – und des Universums – als Dogma festgelegt hatte.
Wenn nach seiner Meinung die Schöpfung unendlich und von ewiger Dauer waren, schließt dieses Weltbild natürlich ein Jüngstes Gericht[67] aus, was am Ende zu seiner Verurteilung durch die Inquisition und Tod auf dem Scheiterhaufen bedeutete.
Im frühen 18. Jahrhundert wurde mit dem Begriff >Pantheismus< die Auffassung, dass die Welt Teil eines einzigen Gottes, aber nicht mit ihm identisch sei, bezeichnet und alles Existierende als göttlich bezeichnet. Man stellte es sich vergleichsweise so vor, dass der Körper nur ein Teil des Menschen ist, während sein Geist einen anderen zusätzlichen Teil ausmacht.

Daraus ergeben sich für den Pantheismus verschiedene Interpretationen, die sich so darstellen lassen:

- Ontologischer Pantheismus
  GOTT ist der Grund allen Seins

- Kosmischer Pantheismus
  GOTT ist in der Natur oder in der Schönheit

- Individueller Pantheismus
  GOTT existiert in meinem tiefsten Inneren

- Sozialer Pantheismus
  GOTT existiert in unseren Beziehungen zu Anderen

Der Pantheismus geht davon aus, dass es sich bei GOTT um einen immateriellen Geist handelt.

Im 20. Jahrhundert entwickelte sich vermutlich als Folge der immer größeren Kenntnisse und Erkenntnisse in den Naturwissenschaften ein naturalistischer Theismus. Es wird davon ausgegangen, dass alles Existierende naturwissenschaftlich erklärbar ist.
Damit verbunden, so scheint mir, ist ein gewisser spiritueller oder auch religiöser Respekt gegenüber großer Bevölkerungsgruppen. Wissenschaftler gestehen so empfinde ich das den Menschen zu, soweit sie religiös orientiert sind, die Bezeichnung der Ursache der Schöpfung als „GOTT" zu akzeptieren, ohne aus wissenschaftlicher Sicht, eine höhere ontologisch getrennte Realität anzuerkennen.

So erklärt sich für mich, dass man Forschern, wie z.B. Werner Heisenberg[68], mit der Aussage:

„Der erste Schluck aus dem Glas der Wissenschaft macht Sie zu einem Atheisten, aber GOTT wartet auf Sie, am Boden des Glases."

in Verbindung bringt, obwohl die Authentizität nicht nachgewiesen ist und Heisenberg sich an keiner Stelle religiös orientiert geäußert haben soll.

Für Wissenschaftler, die den wissenschaftlichen Theismus in der beschriebenen Form akzeptieren, ist GOTT entweder die Gesamtheit des Universums oder die sich darin manifestierende Kreativität des Entstehens und Vergehens.

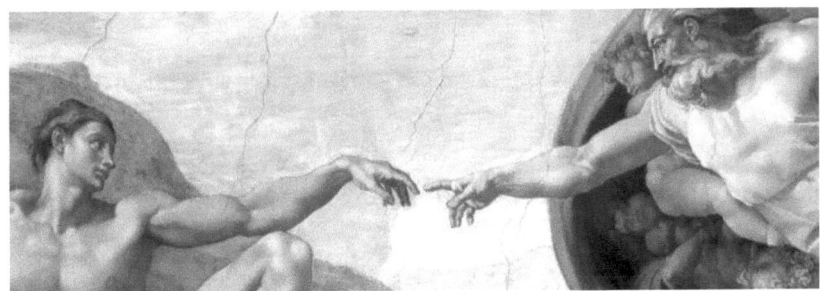

Erschaffung des Adam, Deckenfresko Sixtinische Kapelle, gemeinfrei

Man muss sich bewusst machen, dass für die Menschen die Akzeptanz und Orientierung am Spirituellen, die sich von frühen Zeiten bis in die Neuzeit niederschlug, nahezu vollständig war.

Es gab keine Trennung zum Alltäglichen, weil das komplette Leben von den Religionen bzw. von deren Repräsentanten bestimmt und beherrscht wurde.

Wer die „Ratschläge für ein gottgefälliges Lebens"[13] liest, spürt, wie der Tag eines „gottgefälligen Menschen" im Idealfall auszusehen hat:

„Am frühen Morgen solltest du zu einer bestimmten Zeit aufstehen. Dein Schlaf betrage nicht mehr als sieben Stunden".

Es ist nicht nur die Dauer der Nacht, sondern auch der Zeitpunkt des Aufstehens bestimmt.

„Sobald du erwachst, richte deine Gedanken auf GOTT und schlage mit Andacht das Kreuzzeichen, indem du dich an Jesus Christus, den gekreuzigten Herrn erinnerst, der um unseres Heiles Willen den Tod am Kreuz starb"

Damit ist die Widmung des Tages klar und eindeutig bestimmt!

„Erhebe dich rasch aus dem Bett, kleide dich an und gestatte dir nicht, längere Zeit auf weichem Lager zu liegen oder unbekleidet zu bleiben. Beim Ankleiden lohnt es, sich der Gegenwart Gottes und seines Schutzengels bewusst zu werden, dabei gedenke an den Fall Adams, der sich durch die Sünde um das Gewand der Unschuld gebracht hat, und bitte den Herrn Jesus demütig um die Gnade, in ihm geborgen zu sein und so zu denken, zu empfinden, zu reden und zu handeln wie ER gedacht und empfunden, gesprochen und gewirkt hat."

Nach der Widmung des Tages erfolgt umgehend der Hinweis auf die „Erbsünde" und mehr oder weniger verschlüsselt wird die Körperlichkeit als tägliche Gefahr definiert und entsprechend davor gewarnt und der Körper als Ursache für die Sünde abgelehnt.

„Beginne sogleich mit dem Morgengebet.Nachdem du die Knie gebeugt hast, bete leise, aufmerksam und andächtig in tiefer Demut wie es sich gehört angesichts des Allmächtigen.
Erbitte von ihm Glauben, Hoffnung und Liebe und den Segen zu den Werken des Tages, erbitte dir Kräfte all das anzunehmen, was förderlich sein wird an diesem Tag".

Die Unterwerfung unter einen ständig anwesenden, beobachtenden, aber auch unterstützenden GOTT dem in Demut Respekt zu erbieten ist, ergibt sich aus dieser Anweisung. Von ihm ist letztlich abhängig, ob es für den Menschen ein erfolgreicher oder verlorener Tag wird.

Ob GOTT es dir nun schickt oder zulässt, seien es allerlei Lasten oder Schwierigkeiten, Entbehrungen oder Verwirrung, Fallstricke, Schmerzen und Krankheiten der Seele und des Leibes. Aus Liebe zu Jesus Christus vermagst du sie mutig und in Ruhe zu ertragen."

Die Untertänigkeit wird dadurch vollständig, dass es ausschließlich im Willen Gottes liegt, ob die Bemühungen des Menschen erfolgreich sind oder nicht.
Alles, was den Erfolg verhindert, kommt von GOTT und ist vom Menschen aus Liebe zu IHM und seinen Erscheinungen (Jesus Christus) zu akzeptieren.
Alles, was ein gottgefälliges Leben ausmacht oder ausmachen soll, ist geprägt von der Bereitschaft, sich selbst völlig aufzugeben und das, was das Leben offeriert, als Gabe dieses Gottes und nicht als das Ergebnis eigener Bestrebungen zu betrachten, wie das nachfolgende beschreibt und davor warnt, sündig zu handeln.

„Es sei deine feste Absicht, alles für GOTT, deinem Herrn, zu tun und alles aus seiner Vaterhand anzunehmen, entschlossen für die gute Tat, bereit das Böse zu meiden. Dadurch wirst du dich selbst zu einem lebendigen Opfer GOTT darbringen.

Hilfreich dabei ist der Gedanke, dieser Tag könnte der letzte deines Lebens sein. Handle danach, als wolltest du dich rüsten, schon jetzt vor dem Gericht Gottes zu stehen".

Für die Bewahrung in der vergangenen Nacht danke GOTT, dem Herrn, preise ihn dafür, dass du noch lebendig und nicht in Sünden gestorben bist.

Wie viele Menschen mögen in der vergangenen Nacht durch den Tod vor den schrecklichen Richterstuhl des Herrn gestellt worden sein? Vergiss nicht zu danken, dass dir noch eine Zeit der Gnade und Barmherzigkeit gegeben ist und du Zeit und auf Gottes Stimme achtend, Mittel zur Buße und zur Gewinnung des Himmels hast".

Es wird in diesem Abschnitt von der Sünde gesprochen und das ist jetzt der richtige Zeitpunkt, sich mit diesem Aspekt näher zu beschäftigen:

Was ist eine Sünde?

Wer von einer >Sünde< spricht, benutzt eine, von einer im Wesentlichen religiös belegten Begrifflichkeit, die, vor allem in den christlichen, aber auch abrahamitischen Religionsgemeinschaften, eine Handlung von Menschen beschreibt, die gegen den Willen ihres Gottes verstößt.

Ein solcher Vorstoß beginnt, nach den Vorstellungen der Theologen, bereits vor dem eigentlichen Vorstoß mit den dazugehörigen Gedanken, gegen ein vorhandenes Gebot zu handeln. Durch seine Sünde trennt sich, nach religiösem Verständnis, der Mensch vom guten Willen seines Gottes und macht sich zum Sklaven böser und negativer Leidenschaften, die nach der Sünde sein Leben beherrschen. Dazu bedienen sich Theologen häufig einer Bildersprache, die ein solches Verhalten der Menschen verdeutlichen und gleichzeitig verhindern sollen:

Man stelle sich den Menschen wie ein Haus vor, das von der Gnade Gottes, wie ein Haus, das von der Sonne beschienen und erleuchtet wird. Die Fenster dieses Hauses stehen für die klaren Augen des Menschen, durch die er Gottes Gnade bewusst empfängt und aufnehmen kann.

Jede Handlung, die gegen die Anordnungen, den Willen Gottes verstoßen, verschmutzen die Fenster des Hauses und verhindern den Eintritt des Sonnenlichtes = der Gnade Gottes, was zur Trennung vom göttlichen Gnadenstrom bedeutet.

Dieses Beispiel beschreibt eine persönliche Erfahrung aus meiner Zeit als „Klosterschüler"

Es ist vorstellbar, dass derartige Beispiele für Menschen, in deren Leben es keine Unterscheidung zwischen der irdischen Realität und denen überirdischer Kräfte gibt, sehr beeindruckend und lebensbestimmend ist.

Heute begegnen wir dem Sündenbegriff in trivialisierter Form dort, wo jemand etwas „für eine Sünde wert" hält und einen Regelverstoß begeht, weil ihm etwas äußerst begehrenswert erscheint, gegen Umweltbestimmungen verstößt und so zum „Umweltsünder" wird oder im Straßenverkehr als „Temposünder" auffällt, um nur einige wenige Beispiele anzuführen.

Der „Sündenfall" durch Adam und Eva,© Bayerische Staatsgalerie Pinakothek, München,

Gibt es unterschiedliche Sünden?

Prinzipiell ist jeder Verstoß gegen eine „göttliche Vorschrift" oder Gesetz eine Sünde. Die Religionen unterscheiden wie die allgemeine Rechtsprechung, Vergehen gegen bestehende Gesetze, die Sünden allerdings graduell.

Man unterscheidet zwischen „sündigen Handlungen", wie z. B. Diebstahl, Brandstiftung oder Mord oder Totschlag und „sündigen Haltungen", die sich in Neid oder auch Habgier darstellen können, ebenso „sündige Unterlassungen", die man allgemein als unterlassene Hilfeleistungen bezeichnen kann.

Der Katechismus der katholischen Kirche sagt zur Unterscheidung der Sünden Folgendes:

1855 Die Todsünde zerstört die Liebe im Herzen des Menschen durch einen schweren Verstoß gegen das Gesetz Gottes. In ihr wendet sich der Mensch von GOTT, seinem letzten Ziel und seiner Seligkeit an und zieht ihm ein minderes Gut vor.

Die lässliche Sünde lässt die Liebe bestehen, verstößt aber gegen sie und verletzt sie.

Wenn der Wille sich zu etwas entschließt, was der Liebe, durch die der Mensch auf das letzte Ziel hin geordnet wird, in sich widerspricht, ist diese Sünde von ihrem Objekt her tödlich....., verstoße sie nun, wie die Gotteslästerung, der Meineid und

ähnliches gegen die Liebe zu GOTT oder, wie Mord, Ehebruch und Ähnliches gegen die Liebe zum Nächsten... Wenn hingegen der Wille des Sünders sich zu etwas entschließt, was in sich eine gewisse Unordnung enthält, aber nicht gegen die Liebe zu GOTT und zum Nächsten gerichtet ist, wie z. B. ein müßiges Wort, übermäßiges Lachen und anderes, so sind das lässliche Sünden"

(Thomas v. A., s. th. 1-2, 88, 2).

Von den sieben Todsünden wird heute nicht mehr gesprochen, man bezeichnet sie als die „Hauptsünden":

1. Stolz
2. Habsucht
3. Neid
4. Zorn
5. Unkeuschheit
6. Unmäßigkeit
7. Trägheit oder Überdruss (acedia)

Manchem mögen sie auch als „Wurzelsünden" bekannt sein.
Sie sind Grundgefährdungen des Menschen und heißen
Hauptsünden, weil sie oft Wurzel weiterer Sünden sind. Siehe auch
Katechismus der katholischen Kirche Nr. 1866

Ölgemälde der sieben Todsünden von Hieronymus Bosch (1485)gemeinfrei

Für Menschen moslemischen Glaubens existiert ein besonderes Buch
„Al-Kabair", in dem die möglichen Sünden vermerkt und für die
ALLAH das „Feuer" verspricht.
Der Einfachheit halber sind nachfolgend die Ausführungen aus der
deutschen Übersetzung mit dem Titel: Die großen Sünden – Imam
Schams ad-Dinh adh-Dhahabi (663-748 n.H.) Seite 17-19 ungekürzt
und unkommentiert übernommen:

*„Die Bedeutung von „Al-Kabair" in dem berühmten Arabisch-
Wörterbuch „Lisanu L-‚Arab" wird die Bedeutung von Kabair wie folgt
erläutert: „Al-Kibr (Singular von Kabair): Große Sünde und eine Sache
für die Allah das Feuer verspricht. Kibratu: Ähnlich wie Al-Kibr, jedoch
enthält Al-Kibr eine Form des Superlativs. Allah sagt: „Sie sind jene,
die sich vor den großen Sünden und den Schlechtigkeiten hüten."*

Sura an-Najm,Aya 32) (Lisaanu l-Arab)

In den Ahadithen finden die großen Sünden an vielen Stellen eine
Erwähnung. Große Sünden sind Taten, deren Ausübung ALLAH
verboten hat, wie z.B. das ungerechtfertigte Töten eines Menschen,
das Ehebrechen, das Flüchten vom Schlachtfeld und dergleichen.
Bezüglich der terminologischen Bedeutung von Kabair haben die
Gelehrten eine Vielzahl von Erklärungen abgegeben.
Einige davon hat Ibn Hajar-Asqalani in seinem Werk „Fathu I Bari"
aufgeführt.
Rafii sagt diesbezüglich in seinem Buch „Scharhu I-Kabir" folgendes:
*„Große Sünden sind Dinge, die einer Bestrafung bedürfen. Und Dinge,
für deren Vergehen im Buch (Quran) oder in der Sunna nachweislich
eine Bedrohung oder Einschüchterung ausgesprochen wird."*
Al-Mawardi sagte in seinem Buch „Al-Hawi": *„Unter allen Sünden sind
jene die großen, die einer Bestrafung bedürfen, oder dessen Übeltäter
sich im Buch oder in der Sunna nachweislich einer Bedrohung
ausgesetzt sehen."*
Ibn Abdi s-Salam sagte: *„Für die Bedeutung der ‚Großen Sünden' gibt
es keine eindeutige Definition. Doch ist die beste Definition wie folgt:
Eine große Sünde ist jede eindeutig nachweislich beschriebene Sünde,
welche bei der Ausübung bagatellisiert und nicht für ernst genommen
wird."*

Einige andere Gelehrten sagen: *„Jede Sünde, die mit einer Bedrohung
oder einem Verdammnis belegt ist."*
Ibn s-Salah sagte: *„Ihre Anzeichen sind, dass sie einer Bestrafung
bedürfen, dass deren Übeltäter im Buch oder in der Sunna mit Pein,
Feuer oder etwas ähnlichem gedroht wird, dass die Übeltäter mit Fisq
(Ungehorsam, Ausschweifung) charakterisiert und mit der
Verdammnis konfrontiert werden."*

Der Gesandte Allahs sagt: *„Jede Sünde, die den Verursacher ins Feuer bringt, gehört zu den großen Sünden."*

Hassan al-Basri sagte: *„Jede Sünde, die Allah mit dem Feuer in Verbindung bringt, gehört zu den großen Sünden."*

Die beste Definition der großen Sünde ist die von Imam Qurtubi, die er in seinem Buch *„Mifham"* niederschrieb.

Dort sagte Imam Qurtubi: *„All jene Sünden gehören zu den großen Sünden, die im Buch (Quran), in der Sunna und nach dem Konsens der Gelehrten auch als solche bezeichnet werden; zudem gehören dazu all jene Vergehen, die mit einer schweren Bestrafung des Verursachers belegt sind, oder für die in der Scharia eine festgelegte Art der Bestrafung existiert, oder jene Vergehen, vor deren Ausführung strikt abgeraten wird. Demnach muss jede Sünde im Quran oder in den Ahadithen der Stufe „sahih" oder „hasan" mit Fisq (Ungehorsam, Ausschweifung) oder mit Verdammnis oder mit einer Bedrohung belegt sein, um überhaupt zu den großen Sünden zählen zu können."*

Ausgabe der bekannten Traditionssammlung von Abū Dāwūd as-Sidschistānī (Sunan Abu Daud) CC BY-SA 3.0

Sunna,Ahadithen sind Begriffe, für die zu befolgende sunnat an-nabī, die „Handlungsweise des Propheten (=Mohammed)", wurde. In diesem Sinne wird Sunna insbesondere in der islamischen Jurisprudenz und Traditionswissenschaft verwendet.

Gegen welche Gesetze wird verstoßen, wenn man sündigt?

Nach den Vorstellungen der Religionen gilt ein Tatbestand als verwerflich, bzw. schlecht, wenn die Gottheit ihn als Sünde, d. h. Verstoß gegen die von ihr erlassenen Gesetze gekennzeichnet hat. In den christlichen Religionen sind das die Zehn Gebote (Dekalog). Vom Dekalog gibt es je eine Fassung im 2. Buch Mose (Exodus) und im 5. Buch Mose (Deuteronomium), die in Details voneinander abweichen:
Christen kennen die >Zehn Gebote<, so:

I.   **Ich bin der Herr, dein GOTT, der dich aus Ägypten befreit hat. Du sollst keine anderen Götter haben neben mir.**

II. **Du sollst den Namen des Herrn, deines Gottes nicht missbrauchen.**

III. **Du sollst den Feiertag heiligen**

IV. **Du sollst deinen Vater und deine Mutter ehren.**

V.   **Du sollst nicht töten.**

VI. **Du sollst nicht ehebrechen.**

VII. **Du sollst nicht stehlen.**

VIII. **Du sollst nicht falsches Zeugnis reden wider deinen Nächsten.**

IX. **Du sollst nicht begehren deines Nächsten Haus.**

X.   **Du sollst nicht begehren deines Nächsten Weib, Knecht, Magd, Vieh, noch alles, was dein Nachbar hat.**

In den christlich-jüdischen Religionsgemeinschaften gilt die Bibel (aus dem altgriechischem βιβλία Biblia ‚Bücher -Plural) als „Heilige Schrift". Hier beschriebene Regeln sind für die Angehörigen dieser Religionsgemeinschaften normativ, d. h. bindend.
Die Bibel gilt als „Wort Gottes", das von Menschen aufgeschrieben wurden, die > göttlich inspiriert < waren, weshalb die Bibel für die Gläubigen ein Orientierungsmaßstab ist, der sowohl im religiösen wie im persönlich-kulturellen Leben befolgt wird, werden sollte.

Die Niederschrift der Bibel erfolgte wie zahlreiche andere „heilige Schriften" nicht in einem, sondern in unterschiedlichen Zeitabschnitten von mehreren Autoren.

Heilige Schriften sind die Texte, die für die Religion bindend sind. Obwohl der Sinninhalt vieler „heiliger Schriften" vergleichbar ist, gibt es in den unterschiedlichen Religionen ein durchaus unterschiedliches Verständnis darüber, was für die Gläubigen bindend ist und was nicht. In den Schrift- und Buchreligionen finden die Auslegungen der Texte in der Exegese[71] statt. Theologen, Gläubige und Laien erörtern dabei die Texte und versuchen Zusammenhänge und Ziele der Texte zu erkennen. Traditionelle oder ethnische Religionen vermitteln ihre Glaubenssysteme und dessen Rituale mündlich. Wie bei den Schrift- und Buchreligionen dienen die Glaubenskonzepte im Ursprung dazu, die vorhandenen Gesellschaften positiv zu strukturieren, um dem Willen des sich vorgestellten transzendenten höheren Wesens gerecht zu werden.

Der Schwerpunkt liegt dabei nicht auf dem Seelenheil des Einzelnen, sondern dem Gelingen des Zusammenlebens in der vorhandenen Gemeinschaft. Es existieren zahlreiche „Heilige Schriften" verschiedener Religionen, die zum Teil durch weitere – Kirchengesetze - die oft strafbewehrt sind, ergänzt werden:

- Im Judentum steht der Begriff für Tanach und Talmud,
- Im Christentum für die Bibel, die in Altes Testament und Neues Testament aufgeteilt wird. Zusätzlich sind die Kirchengesetze zu beachten, bei der röm.-kath. Kirche ist das der „Codex Iuris Canonici"
- Im Islam für den Koran, Sunna/Hadith
- Die Veden, die Bahagavadgita und die Puranas des Hinduismus sind, neben anderen Schriften des Hinduismus, heilige Schriften.
- Im Theravada-Buddhismus gilt der Pali-Kanon als heilige Schrift.

- Für den tibetischen Buddhismus gelten Kanjur und Tanjur, Sammlungen kanonischer Schriften als heilige Schriften.
- Für den Konfuzianismus gelten die Fünf Klassiker und vier Bücher als heilige Schriften.
- Beim Zoroastrismus/Parsismus gilt der Avesta als heilige Schrift.
- Für die Mormonen sind das Buch Mormon, die Bibel, Lehre und Bündnisse und die Köstliche Perle die heiligen Schriften im Schriftkanon.
- Für Thelema gilt das Liber Al vel Legis als heilige Schrift.
- Die Wicca-Religion akzeptiert und nutzt das selbst geschriebene individuelle Buch der Schatten als heilige Schrift.
- Für die Pastafari gilt das Evangelium des Fliegenden Spaghettimonsters als heilige Schrift.

Während manche der vielen Religionen das Vorhandensein anderer Vorstellungen tolerieren, beanspruchen vor allem die abrahamitischen Religionen, also Juden, Christen und Moslems einen Alleinvertretungsanspruch und dulden keine anderen Gottesvorstellungen, außer der eigenen

Carl Spitzweg: Disputierende Mönche. Während einer der Mönche auf sein Schriftstück zeigt, nimmt der andere eine ablehnende Haltung ein und deutet gleichzeitig auf seinen Verstand. gemeinfrei

Welche Strafen erwarten den Sünder?

Eine Sündenstrafe ist die Folge der vorausgegangenen Verfehlung und kann zweierlei sein:

- Die Strafe kann ewig sein
- Die Strafe kann zeitlich sein

Die ewige Strafe:
Wenn nach christlichem Verständnis ein getaufter Christ eine Todsünde begeht und damit stirbt, wird das mit der
>ewigen Strafe, der Höllenstrafe < geahndet.
Der Sünder hat sich durch die Todsünde vom „ewigen Leben in und mit GOTT" getrennt, weshalb man diese Strafe auch den „zweiten Tod" nennt.
Die zeitlichen Strafen:
Die zeitliche Strafe bietet dem Sünder die Chance, die Sünde „wieder gutzumachen", indem er eine aufgetragene Buße erfüllt.
Durch kirchliche Sündenstrafen, die meist die Beseitigung der Folgen der Sündentat oder in Beseitigung von Mängeln oder die Übernahme von Nachteilen der Gemeinde beinhalten, muss der Sünder in einer echten Sühnehaltung zu GOTT und den Menschen für seine Sünden büßen und erhält danach zur Vergebung seiner Sünden die Absolution.
Kirchliche Sündenstrafen nach einer reuigen Beichte beinhalten heute meist auferlegte > Gebetsstrafen < in Form einer vom Sünder abzuleistenden bestimmten Anzahl von Gebeten – z. B. einen kompletten „Rosenkranz", d. h. mehrere „Vater Unser" bzw. „Ave Maria".
Weil im Heiligen Buch des Islam, dem Koran und in der prophetischen Tradition der „strafende GOTT" regelmäßig thematisiert wird, denkt man zuerst an einen strafenden GOTT.
Gleichzeitig wird die Reue, vor allem die göttliche Barmherzigkeit besonders hervorgehoben und als eine der wesentlichsten Eigenschaften des islamischen Gottes, dessen „Allbarmherzigkeit" in den Auslegungen des Koran betont wird.

Der Islam kennt nicht das theologische Lehramt, so wie es dies in der katholischen Kirche gibt, oder irgendeine Autorität, die von allen islamischen traditionellen Theologen anerkannt wird.
Jede der islamischen Traditionsausrichtungen legt den Koran nach seiner Einschätzung aus. Die Frage der Sünde ist in der islamischen Theologie immer mit der Frage des jenseitigen Glücks verbunden.
Der Mensch ist nach islamischer Denkweise vor GOTT für das eigene Handeln verantwortlich. Man kennt natürlich auch besonders schwere Vergehen die als schwere Sünden gegen GOTT bewertet werden:

- Das Bestreiten der Existenz Gottes
- Das Dulden fremder Götter neben ALLAH
- Respektlosigkeit gegenüber den Eltern
- Fehlende Erziehung der eigenen Kinder
- Zufügung körperlich-seelischer Schäden bei Anderen
- Die größte Sünde unter den Menschen ist Mord. Eine solche Tat kann nicht gesühnt werden.
- Wenn man so, d. h. mit diesem Verständnis der eigenen Religion, an das kontroverse Thema Homosexualität herangeht, begreift man, dass es Muslimen mehr als schwerfällt, diese Lebenshaltung zu akzeptieren.

Es ist wichtig in diesem Zusammenhang zu betonen, dass trotz dieser sexuellen Orientierung, wie immer sie sein mag, der Mensch im Vordergrund steht und es bedeutungsvoll ist, Menschen als Ausdruck der göttlichen Schöpfung zu achten.
Insofern darf man jemanden aus dem heutigen Verständnis des Islam nicht be- oder verurteilen, diese Bewertung ist alleine GOTT überlassen.

Auch wenn es um zwischenmenschliche Probleme geht, gilt der Grundsatz, dass sich da selbst GOTT so lange nicht einmischt, bis die Menschen untereinander die Frage der Schuld geklärt haben.
Würde er sich einmischen, wäre er ein ungerechter GOTT, was dem moslemischen Verständnis von göttlichem Handeln widerspräche.

In der Theologie des modernen Islam (so es diesen gibt), entwickelt sich eine islamische Sozialethik, die die Mitmenschen in den Mittelpunkt stellt und in der der Mensch Verantwortung übernehmen soll.

Nach außen zelebrieren Muslime ihre religiösen Pflichten: Die täglichen regelmäßigen Gebete, das Ramadan-Fasten oder die Verpflichtung, Almosen an die Armen zu geben, was aber nichts über ihre Sündigkeit oder Spiritualität aussagt.

Pieter Bruegel der Ältere (1526/1530–1569)Sieben Laster, gemeinfrei

Die Hölle in der Vorstellung der Religionen

Mit der Entwicklung der unterschiedlichen Religionen bildeten sich zahlreiche Vorstellungen darüber, was mit den Sündern passiert, die sich aus religiöser Sicht schlimmster Verfehlungen schuldig machten und dafür verdammt wurden.

Der Begriff „Hölle" könnte bereits bei den Germanen in Erscheinung getreten sein. Nach den Vorstellungen der Germanen wurden die Sünder an einen kalten Ort der Unterwelt verbannt, der von der Todesgöttin Hel [79] beherrscht und deren Aufenthaltsort man ebenfalls >Hel< nannte.

Im Mithras-Kult des alten Persiens entschied sich das Schicksal der menschlichen Seelen beim „jüngsten Gericht" [80], wenn die Schlacht zwischen den Kräften des Lichtes und denen der Finsternis geschlagen war. Für die Gläubigen bestand die Möglichkeit, sich dem „Licht" anzuschließen, während die, die dem bösen Geist Ahrimann [81] und seiner Gefolgschaft anhängen, in einem Feuerschlund von Pech und Schwefel versinken.

In Alt-Ägypten stand den Menschen am Ende ihres irdischen Lebens die Reise durch das Totenland bevor, bei der der Verstorbene verschiedene Prüfungen durch unterschiedliche Götter und Dämonen zu bestehen hatte. Das Ergebnis bestand entweder in der Aufnahme in das „Lichtland" Sechet-iaru [82] oder in der Verbannung Hetemit [83].

Die Mythologie der Griechen und Römer hielt für die schweren Sünder den tiefsten Teil der Unterwelt, den Tartaros, bereit, indem der Aufenthalt je nach der Schwere ihrer Schuld vorübergehend oder ewig währen musste.

Der jüdische Glaube verwendete, wie die meisten anderen Religionen die Hölle als Drohung gegen die Menschen, die sündigten und beschrieb diesen Ort im Buch Henoch [85] als einen Ort, an dem *„entsprechend den Taten der Bösen diese in lodernden Flammen brennen werden, die schlimmer als Feuer sind"*, und erklärt weiter

„und sei dir bewusst, dass die Engel eure Seelen in den Sheol[86] bringen werden und die Seelen werden dort böses erleiden und schwere Prüfungen durchzustehen haben, in Dunkelheit, Fesseln und brennenden Flammen.

(Buch Hennoch 100.9/103.7)

Das Christentum lehrt und warnt ihre Gläubigen eindringlich vor der Hölle. Die Beschreibung ist je nach Konfession unterschiedlich. Es sei der Ort ewiger Verdammnis, der den Seelen der schweren Sünder nach dem „Jüngsten Gericht" zugewiesen werden. In verschiedenen Schriften wird die Hölle als der „Feuersee" beschrieben, in dem alle nach ihren Taten gerichtet und dem Tod und der Unterwelt übergeben werden. Nach der katholischen Theologie wird derjenige, der: *„im Zustand der Todsünde stirbt, ohne diese bereut zu haben und ohne die barmherzige Liebe Gottes anzunehmen, weil er aus eigenem und freiem Entschluss für immer von GOTT getrennt bleibt, aus der Gemeinschaft mit GOTT und den Heiligen ausgeschlossen und auf immer und ewig in die Hölle verbannt."*

Michelangelo: Die Verdammten werden in die Hölle gestürzt (Ausschnitt des Jüngsten Gerichtes), 1536–1541,gemeinfrei

Kann ein Sünder mit der Vergebung der Sünden rechnen?

Die abrahamitischen Religionen setzen für die Vergebung von Sünden die Reue, die Abkehr vom fehlerhaften Verhalten voraus, damit die gestörte Verbindung zu GOTT repariert und wiederhergestellt werden kann. Es ist auffällig, dass es nach den „Heiligen Schriften" in der Regel Vergebung nur durch GOTT geben kann. Die katholische Kirche beantwortet dies anders.

Während in den ersten christlichen Gemeinden der „Sünder" seine Verfehlungen öffentlich bekannte und anschließend nach einer Bußstrafe Absolution – Freisprechung – von seinen Sünden erhielt, legt das vierte Laterankonzil 1215 fest, dass jeder mindestens einmal im Jahr seine Sünden in einem „Vier-Augen-Gespräch" in der sog. Ohrenbeichte seine Verfehlungen bekennen muss, um eine Absolution zu erhalten.

Was „Sünden" im zwischenmenschlichen Bereich betrifft, sagt der Islam, dass der Sünder selbst gefordert sei, derartiges wieder in Ordnung zu bringen – ohne Versöhnung gibt es keine Sündenvergebung.

Im Judentum wird neben der Wiedergutmachung eine Schuld durch die Darbringung von Opfern gesühnt.

So gibt es einen Brauch, den man Kapparot[73] nennt.

Am Vorabend des als Versöhnungstag bezeichneten höchsten jüdischen Feiertages, JOM KIPPUR, werden rituell eines oder mehrere Hühner als Sühneopfer für begangenes Unrecht geschlachtet und anschließend werden die Tiere an Arme und Bedürftige verschenkt. Heute wird häufig anstelle von Hühnern Bargeld an die Armen und Bedürftigen gespendet.

Nach der Beschreibung im *Jüdischen Lexikon, Bd 3:I-Ma.*[75] soll der Brauch aus der jüdischen Diaspora im mittelalterlichen Persien des siebten Jahrhunderts entstanden sein.

Danach soll ein Hahn als religiös-spiritueller Stellvertreter für einen Menschen das Sühneopfer sein.

Man schwenkte den Hahn oder die Henne um den Kopf und sagte dreimal:

„Das ist mein Stellvertreter. Das ist mein Auslöser. Das ist meine Sühne. Dieses Huhn/ oder dieser Hahn/ geht dem Tod entgegen, ich aber gehe einem guten Leben und Frieden entgegen."

Dieses Sühneopfer war unter jüdischen Theologen oder Gelehrte, etwa Maimonides, deswegen umstritten, weil der Ursprung heidnisch und abergläubig sei. Andere Gelehrten befürworteten Kapparot. Bei den aschkenasischen Juden in Osteuropa hielt sich dieser Brauch und wird bei ultraorthodoxen Juden bis heute praktiziert.

In früheren Zeiten wurde anlässlich des Versöhnungsfestes ein Ziegenbock als Sündenbock[76] ausgewählt, der mit den *„Sünden des Volkes Israel beladen"* in die Wüste gejagt wurde, um das Volk mit GOTT zu versöhnen.

Eine der fundamentalen Aussagen des Koran lautet: *„GOTT ist gnädig und barmherzig"* (Sure 4,16).
Alle 114 Suren des Koran (mit Ausnahme von Sure 9) beginnen mit der Einleitung: *„Im Namen des gnädigen und barmherzigen Gottes",* oder anders übersetzt, *„ Im Namen Gottes, des Gnädigen und Barmherzigen."*
Auf dieses Erbarmen Gottes kann ein Moslem und jeder Mensch immer hoffen. Wenn er gesündigt hat, wegen seiner Sünde büßt und sich von der Sünde abkehrt, wird GOTT alle seine Verfehlungen verzeihen, seien es große oder kleine, denn: *„Gottes Barmherzigkeit >kennt keine Grenzen <"*(Sure 7,156).
Sure 3, 135-136 verspricht allen gläubigen Muslimen, die GOTT für ihre Sünden um Vergebung bitten, Vergebung und den Eingang ins Paradies.

Allerdings fordert diese Vergebung Konsequenzen. Wenn die begangene Sünden sich gegen Menschen richtete, muss der Sünder Wiedergutmachung leisten.

Die Quisas[77] als Teil des islamischen Rechtes (Scharia[78]) enthält dazu unter Bezugnahme auf den Koran Ausführungsbestimmungen, wer z. B. im Fall der unbeabsichtigten Tötung oder Totschlags Sühnegeld zu bezahlen hat.

Diese Gedanken haben sich besonders im Volks-Islam dahin gehend weiterentwickelt, dass bestimmte gute Werke (wie zusätzliche Fastentage oder besonders großzügige Almosen) als verdienstvoll und Sünden-vergebend betrachtet werden.

Der Märtyrertod eines Muslims im Kampf gegen die Ungläubigen tilgt nach dieser Auffassung alle Sünden eines Menschen. Der Märtyrer wird sofort ins Paradies eingehen, ohne wie alle übrigen Muslime erst im „Jüngsten Gericht" nach seinem Glauben befragt zu werden. Ebenso tilgt – so zumindest die Auffassung des Volks-Islam – die Wallfahrt nach Mekka alle großen Sünden und macht den Pilger angenehm vor GOTT. Seine Gebete an der Ka'aba (dem größten islamischen Heiligtum in der Hauptmoschee in Mekka) sind weitaus wirkungsvoller als ein Gebet in einer gewöhnlichen Moschee oder ein Gebet zu Hause.

Beweise und Zweifel

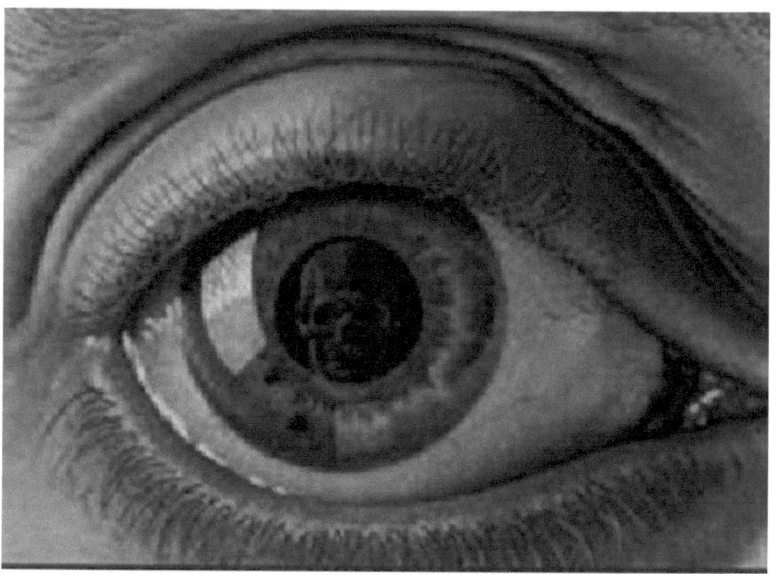

Illusionen oder gibt es Beweise für GOTT?

Die bisher erfolgte unvollständige, Aufzählung bestimmter, religiös bestimmter Artefakte deuten auf etwas *selbst gemachtes, etwas Selbsterdachtes und erstelltes* Modell hin, weil bisher nur feststellbar ist, dass das, was an Religionen und Glaubenssätzen vorhanden ist, etwas ist, das von Menschen erzeugt wurde.

Ob das die „Heiligen Schriften" waren, die Visionen von GOTT/Göttern/Göttinnen/Gotteswesen und selbst die „Botschaften des Herrn" sind, betrachtet man sie genauer, den Köpfen unterschiedlichster Menschen entsprungen.

Das ist aber keine neue oder gar vom Autor gefundene Erkenntnis.

Nein, die gleichen Menschen, die die Ideen von GOTT/Göttern/Göttinnen/Gotteswesen in die Welt setzten, suchten nach dem Beweis, dass es sich nicht um Hirngespinste oder Fantasien handelt. Sie suchten nach Beweisen Gottesbeweisen, um die Existenz Gottes nach den Regeln der Logik beweisen zu können.
Ein schwieriges Vorhaben, wenn man das Objekt des Begreifens bedenkt.

Folgen und prüfen wir einige dieser Beweise im Folgenden, um uns selbst ein Urteil zu bilden:
Die Methode, mit der sich die Existenz Gottes schlüssig, d. h. nachvollziehbar herleiten lassen soll, wird als Apologetik[83] bezeichnet.

Apologetik will

- Durch logische Argumente sowie wissenschaftliche und historische Beweise für die Wahrheit des Glaubens eintreten.

Wenn wir von >Glauben< sprechen, dann vom Glauben an einen GOTT. Am Beginn der abendländischen Philosophie, also zur Zeit Platons[20], etwa 428 bis 348 v. Chr., existierte ein philosophischer Gottesbegriff. Der eines geoffenbarten Gottes kam erst mit den abrahamitischen Religionen in die Welt.

Platon formulierte in seiner Ideenlehre, dass unsere Vorstellungen vom Guten, Wahren und Schönen eigentlich Projektionen eines Gottes, eines Idealen, in uns Menschen wäre.
Platon sah in der Erkenntnisfähigkeit des Menschen die Fähigkeit, das Gute, Wahre und Schöne aufzunehmen, zu verinnerlichen, gewissermaßen zu transzendieren, als den Beweis des Vorhandenseins eines Gottes, der diese Attribute aus sich heraus offenbarte und für die Menschen real sein musste.
Es handelt sich bei dieser Beweisführung um einen philosophischen Beweis – leider nicht mehr.

Platons Schüler, Aristoteles[19], 384 bis 322 v. Chr. schloss sich diesen Gedanken nicht an, sondern entwickelte eigene Gedanken zu der Frage, ob es einen GOTT gibt und wie er zu begreifen und zu beweisen wäre.
Aristoteles geht davon aus, dass es ein erstes Prinzip gibt, also einen ersten Impulsgeber, von welchem die Bewegung ausgeht, den er sich ohne Materialität und raumlos vorstellt. Diese Merkmale ordnet er GOTT zu, den er wie folgt definiert:

„GOTT ist das ewige, absolut vollkommene Lebendige, und ihm kommt mithin ein zeitloses, ewiges Leben und Dasein zu"

Diese Gottheit ist von der Welt geschieden, übersinnlich, leid los und unstofflich, die reine Form. Sie ist selbstbewusstes Denken, sie denkt sich selbst, ist das ewig unbewegte und der „erste Beweger" der Welt, wie in der Sammlung > Metaphysik < Buch XII ausgeführt wird. Wieder eine philosophische Beweisführung – diskussionsfähig, aber kein prüfbarer Beweis.

Einer der frühchristlichen Kirchenväter, Augustinus[88] beschrieb in seinem Buch > Bekenntnisse < (confessiones) GOTT als das höchste Sein, die Wahrheit, das höchste Gut, die höchste Wesenheit, den Seinsgrund und als den dreieinigen GOTT.
Nach seinem Bekenntnis erschuf GOTT die Welt aus dem Nichts, um Gutes zu wirken. Wer schon damals die Welt in all ihren Erscheinungsformen betrachtete, erkannte, dass diese Aussagen nicht widerspruchsfrei sind.
Für Augustinus war der christliche G l a u b e n die Grundlage aller Erkenntnisse, die er in dem Satz:

>> Glaube, damit du erkennst <<

zusammenfasst.

Definiere ich Glauben in erkenntnistheoretischem Sinn, dann ist ein Fürwahrhalten meiner persönlichen Wahrnehmungen und Überzeugungen und den sich für mich daraus ergebenden

Schlussfolgerungen, die weder logisch zwingend sein müssen, noch einer objektiven Begründung bedürfen, zwingend. Glauben im tagtäglichen Sprachgebrauch wird i. d. R. durch Fakten bestätigt oder widerlegt und beinhaltet die Möglichkeit, dass die durch „glauben" ausgedrückte Vermutung nur eine Meinung ist, die ebenso bestätigt, wie widerlegt werden kann und deshalb als Beweis nicht taugt.

Mit der im 11. Jahrhundert einsetzenden Scholastik[89] gewann die auf Logik und Vernunft fußende wissenschaftliche Beweisführung an Bedeutung und wurde von Anselm von Canterbury[90] für seinen „Gottesbeweis" eingesetzt.
In seinem Werk >Proslogion<[90a], eine Meditation über GOTT, versucht Anselm die Existenz Gottes rational und logisch mit den nachfolgend aufgeführten drei Argumentationsschritten zu begründen:
„Ein höheres Wesen als GOTT gibt es nicht, nicht einmal als gedankliche Möglichkeit."
„Was einer denkt, das ist in seinem Denken."
„Wenn etwas sowohl im Verstand wie auch in der Wirklichkeit existiert, ist es größer und vollkommener, als wenn es allein im Verstand existiert."
Daraus folgert und schließt er, wenn es etwas gibt, über dessen Größe hinaus es nichts gibt, dies nicht nur im Verstand, sondern in der Wirklichkeit existieren muss.
Er fasst dies zusammen in seiner Erkenntnis:

„Und das bist DU, Herr unser GOTT"

Der tiefgläubige Anselm setzt die Existenz Gottes voraus und versucht – lediglich - den Glauben an diesen GOTT zu beweisen, was, wie in der Definition zu Glauben erkennbar, eine nicht beweisbare und daher schwache Argumentation ist.
Thomas von Aquin[91] stellte diese Argumente infrage und erstellte seinerseits ein System, das Glauben und Wissen seiner Zeit aufeinander bezog. In seinem Hauptwerk >Summa thelogica< (Theologische Summe) legt er dar, dass GOTT das SEIN selbst ist. Gottes Wesen fällt nach Thomas im Gegensatz zu allem anderen

Erschaffenem mit seinem SEIN zusammen. Das unterscheidet IHN von allem Erschaffenem, das ist die Unterscheidung von endlichem und unendlichem Sein.

Er schreibt in Teil 1 der >Summa theologica<:

GOTT ist das unendliche Sein, das Erschaffene, die Geschöpfe sind das endliche Sein, woraus folgt:

GOTT ist das in sich gründende Sein selbst.

GOTT ist die erste Zielursache, urbildliche und wirkende Ursache alles Seienden und zwar durch seinen Willen.

Er beschreibt die Urmaterie, die „materia prima[92] aus der alles von GOTT aus dem „Nichts"[93] erschaffen worden sei.

Man ist geneigt, diese Erkenntnis als Vorwegnahme der Urknalltheorie[94] zu betrachten, was außer Acht lässt, dass diese Theorie den Vorgang, nicht aber die Ursache, um die es hier geht, beschreibt, – auch nicht beschreiben kann.
Thomas konnte die Frage, ob GOTT die Welt von Ewigkeit her erschuf oder sie einen zeitlichen Anfang hat, nicht durch die Vernunft beantworten, lediglich erklären, dass die Glaubenslehre dies besage. Eine spezielle Beschäftigung mit der Frage eines Gottesbeweises erfolgte durch Blaise Pascal[95], der mit seiner berühmt gewordenen „Pascalschen Wette" keinen Beweis im eigentlichen Sinn herstellen wollte, sondern eine nüchterne „Kosten-Nutzen-Rechnung" aufstellte und behauptete, dass, wenn man schon GOTT nicht beweisen könne, es doch Sachargumente gäbe, die es sinnvoll erscheinen ließen, an ihn zu glauben.
Er wettete, dass es besser ist, bedingungslos an GOTT zu glauben, weil man nichts verliert, wenn er nicht existiert, aber auf der sicheren Seite ist, wenn es ihn doch gibt.
Die Alternativen nach seiner Analyse lauten wie folgt:

- Man glaubt an GOTT, und GOTT existiert – in diesem Fall wird man belohnt = Himmel, – **man hat gewonnen.**
- Man glaubt an GOTT, und GOTT existiert nicht – in diesem Fall **gewinnt man nichts, verliert aber auch nichts**.

- Man glaubt nicht an GOTT, und GOTT existiert nicht – in diesem Fall **gewinnt man ebenfalls nicht, verliert aber auch nichts**
- Man glaubt nicht an GOTT, und GOTT existiert – in diesem Fall wird man bestraft = Hölle – **man hat verloren.**

„Wette, denn dass ER ist, ohne dich lange zu besinnen.
Deine Vernunft wird nicht mehr verletzt, wenn du das
eine, als wenn du das andere wählst, weil nun doch
gewählt werden muss.
Hiermit ist ein Punkt erledigt.
Aber eure Seligkeit?
Wir wollen Gewinn und Verlust abwägen.
Setze du aufs Glauben!
Wenn du gewinnst, gewinnst du alles, wenn du verlierst,
verlierst du nichts.
Glaube also, wenn du kannst.“

Anstelle eines >Gottesbeweises< vertritt der Philosoph Immanuel Kant[96] die moralisch notwendige Annahme der Existenz von GOTT als eine Notwendigkeit.
Er stellt die Frage nach dem Unbedingten.
Es ist die Frage nach dem Unbedingten im praktischen Sinn, d. h. die eine so bedingte Folgerung oder Wirkung hervorruft. In der >Kritik der reinen Vernunft[97]< zeigt Kant auf, dass man die unbedingten Ideen von GOTT und der Unsterblichkeit der Seele zwar nicht beweisen kann, wohl aber als regulative Ideen für möglich halten kann.

Für die praktische Vernunft sei es aber moralisch notwendig, das Dasein Gottes anzunehmen, weil das moralische Gesetz über den Begriff des höchsten Guts zur Erkenntnis aller Pflichten als göttliche Gebote führe. Auch wenn Kant im zweiten Teil der teleologischen Urteilskraft einen eigenen moralischen Gottesbeweis anbietet, indem er schreibt:

„Folglich müssen wir eine moralische Welturssache (einen Welturheber) annehmen, um uns gemäß dem moralischen Gesetze einen Endzweck vorzusetzen; und so weit als das letztere notwendig ist, soweit (d. i. in demselben Grade und aus demselben Grunde) ist auch der Erstere notwendig anzunehmen: nämlich, es sei ein GOTT[98]."

Kant schränkt aber sofort in den nachfolgenden Sätzen selbst ein: *„Dieser Beweis, dem man leicht die Form der logischen Präzision anpassen kann, will nicht sagen: Es ist ebenso notwendig, das Dasein Gottes anzunehmen, als die Gültigkeit des moralischen Gesetzes anzuerkennen; mithin, wer sich vom Letzteren nicht überzeugen kann, könne sich von den Verbindlichkeiten nach dem Ersteren los zu sein, urteilen.*

Nein! Nur die Beabsichtigung des durch die Befolgung des Ersteren zu bewirkenden Endzwecks in der Welt (einer mit der Befolgung moralischer Gesetze harmonisch zusammentreffenden Glückseligkeit vernünftiger Wese, als das höchste Weltbeste) müsste alsdann aufgegeben werden."

Er schließt diese Einschränkungen an einer späteren Stelle, nachdem er über die moralischen Auswirkungen reflektiert hat, wie folgt ab: *„Dieses moralische Argument soll keinen objektiv-gültigen Beweis vom Dasein Gottes an die Hand geben, nicht dem Zweifel gläubigen beweisen, dass ein GOTT sei; sondern dass, wenn er moralisch konsequent denken will, er die Annehmung dieses Satzes unter die Maximen seiner praktischen Vernunft aufnehmen müsse. Es soll damit auch nicht gesagt werden: Es ist zur Sittlichkeit notwendig, die Glückseligkeit aller vernünftigen Weltwesen gemäß ihrer Moralität anzunehmen; sondern: Es ist durch sie notwendig.*

Mithin ist es ein s u b j e k t i v, für moralische Wesen, hinreichendes Argument."

Kant liefert daher keinen Gottesbeweis in logisch-philosophischem Sinn, sondern hält es bei moralisch denkenden und handelnden Menschen für eine subjektive und zu akzeptierende Annahme ohne Anspruch auf einen Beweis.

Erinnern wir uns daran, was Apologetik noch will:

- den Glauben gegen Angriffe von Kritikern verschiedener anderer Weltanschauungen und Glaubensrichtungen verteidigen.
- entgegengesetzte Glaubensrichtungen oder Weltanschauungen zurückweisen.

Es geht also um den >Glauben<, dass es den von den Theologen und Religionslehrern postulierten GOTT, in den von ihnen verkündeten Erscheinungsformen tatsächlich gibt.

Dies ist bei allem Respekt bisher niemandem gelungen!

Ein kausaler Gottesbeweis, der davon ausgeht, dass alles, was in diesem Universum existiert, auf eine Ursache zurückzuführen ist, blieb – rational und logisch – erfolglos.
Man konnte die Reihe der Ursachen nicht unendlich fortsetzen, weil man trotz zahlloser Versuche die „erste Ursache", die selbst auf keine andere Ursache zurückzuführen ist, nicht finden kann.
Diese erste unverursachte Wirkursache (prima causa incausata) wird GOTT genannt.
GOTT ist sich selbst die Ursache seines Seins, er ist das Sein selbst in seiner ganzen Fülle.
Wie wir schon hörten, nannte Aristoteles diese Ursache den „unbewegten Beweger", der bei Thomas von Aquin als „GOTT" beschrieben wurde.
Als weitere Bedingung für die Existenz Gottes wird der „Satz vom zureichenden Grund" genannt.

Dieser etwas sperrige Begriff besagt, so die lexikalische Antwort:
„Im Sinne des zureichenden Grundes finden wir, dass keine Tatsache als wahr oder existent gelten kann und keine Aussage als richtig, ohne dass es einen zureichenden Grund dafür gibt, dass es so und nicht anders ist, obwohl uns diese Gründe meistens nicht bekannt sein mögen."

Leibnitz[99] beschreibt dieses Prinzip in seiner Schrift „Monadologie"[100] als bestimmenden Grund, als eine Gesetzmäßigkeit mit Gültigkeit vor aller Erfahrung. Er bezeichnet GOTT als „die Urmonade", alle anderen Monaden entstehen daraus, sie können sich nicht selbst schaffen oder vernichten, das kann nur GOTT, dem zufolge:

„....nichts geschieht, ohne dass es eine Ursache oder wenigstens einen bestimmten Grund dafür gibt, d. h. etwas, das dazu dienen kann, a priori zu begründen, weshalb etwas eher existiert als dass es nicht existiert und weshalb etwas gerade so, als in einer anderen Weise existiert."

Kurz gesagt: **Nichts geschieht ohne Grund.**

Es gibt zahllose Versuche, den Beweis der Existenz eines Gottes, einer Gottheit, Göttin oder des Unaussprechlichen zu erbringen.
Bedenkt man, was ein solcher transzendenter GOTT erschaffen haben muss, wird klar, weshalb der Beweis seiner Existenz schwerfällt.

Vielleicht können wir Menschen ihn nur nicht erfassen?

Von Friedrich Nietzsche[107] stammt der Aphorismus „GOTT ist tot" und viele sehen darin, dass er damit die Existenz Gottes verneinte.

Es trifft zu, dass er metaphysischen Konzepten gegenüber mehr als skeptisch war und sie ablehnte. Seine Beobachtungen und die daraus folgende Analyse seiner Zeit brachte ihn zu seiner Erkenntnis, dass die christliche Welt marode und sich weit weg von einem Schöpfergott entfernt habe. Diese Aussage findet sich in seinem Buch von der „Fröhlichen Wissenschaft", Untertitel „Der tolle Mensch", in dem der Tod Gottes als ein extrem bedrohlich auf das Leben auswirkendes Ereignis dargestellt wird und die Ursachen in den Menschen liegen. Er schreibt dort:

„Wohin ist GOTT? rief er, ich will es euch sagen!

Wir haben ihn getötet – ihr und ich!

Wir alle sind seine Mörder!

Aber wie haben wir dies gemacht?

Wie vermochten wir das Meer auszutrinken?

Wer gab uns den Schwamm, um den ganzen Horizont wegzuwischen?

Was taten wir, als wir diese Erde von der Sonne losketteten?

Wohin bewegt sie sich nun? Wohin bewegen wir uns?

Fort von allen Sonnen?
Stürzen wir nicht fortwährend? Und rückwärts, seitwärts, vorwärts,
nach allen Seiten?
Gibt es noch ein Oben und ein Unten?
Irren wir nicht wie durch ein unendliches Nichts?
Haucht uns nicht der leere Raum an?
Ist es nicht kälter geworden?
Kommt nicht immerfort die Nacht und mehr Nacht?
GOTT ist tot! GOTT bleibt tot! Und wir haben ihn getötet!
Wie trösten wir uns, die Mörder aller Mörder?
Ich komme zu früh, ich bin noch nicht an der Zeit.
Dies ungeheure Ereignis ist noch unterwegs und wandert   – es ist
noch nicht bis zu den Ohren der Menschen gedrungen. Ist nicht die
Größe dieser Tat (GOTT getötet zu haben,) zu groß für uns?
Müssen wir nicht selbst zu Göttern werden, um nur ihrer würdig zu
erscheinen?

Es scheint so, als sei aus diesem Gedanken heraus Nietzsches Idee
des „Übermenschen", den er im „Zarathustra" ausführt, entstanden
zu sein.
Vielleicht sprach er deshalb schließlich in der fragmentarisch
hinterlassenen Schrift >Der europäische Nihilismus< davon, dass
„*GOTT eine viel zu extreme Hypothese*" sei.

Friedrich Nietzsche, ca. 1875,gemeinfrei

Die Naturwissenschaften haben festgestellt, dass das Entstehen von Leben, so wie wir es kennen, nur unter ganz bestimmten Konstanten möglich war und ist.

Diese Elementarkonstanten stellen bestimmte physikalische Werte dar, die an sich weder zeitlich noch räumlich veränderbar sind, aber in ihrer Summe und Zusammenstellung das Leben auf der Erde erst möglich machten. Dazu gehören, u. a. die Gravitationskonstante[101], das Planksche Wirkungsquantum[102], genau wie die Lichtgeschwindigkeit[104] und im Weiteren auch die Magnetische Feldkonstante[104].

Das alles sind Konstanten, mit denen Physiker das Funktionieren der Welt, so wie wir sie kennen, erklären. Selbst geringfügige Veränderungen hätten, so die Wissenschaft, das Leben und letztlich die Entwicklung des heutigen Menschen unmöglich gemacht.

Ein derartiges Zusammentreffen der unterschiedlichsten Komponenten der diversen Naturkonstanten wird von Einigen als planvolle Auswahl eines Schöpfergottes gesehen.

Das Zusammentreffen dieser unterschiedlichen Bedingungen muss allerdings nicht einen ursächlichen Zusammenhang haben. Diese Konstanten müssen nicht zwangsläufig in einem ursprünglichen Zusammenhang stehen, weil sich nicht alle Naturkomponenten gegenseitig beeinflussen.

Genauso gut könnten diese Elemente >zufällig< zueinander gefunden haben. Die Wissenschaft erklärt derzeit, dass mit dem sog. „Urknall" alle Elemente alle Naturgesetze entstanden sind, die, soweit das bisher festgestellt werden konnte, überall im Universum gelten.

Wenn das Zusammentreffen unterschiedlicher Elemente zufällig geschieht, wäre das ein „Motor der Evolution" [127] und könnte im Universum andernorts für die Entstehung anderer Lebensformen Ursache sein.

Mir scheint, dass damit auch der „kosmologische Gottesbeweis" misslingt, weil bei dieser Überlegung der Versuch, die Kausalkette der Schöpfung bis auf die >allererste Ursache< hin zu verfolgen, scheitert.

Unter dieser >allererste Ursache<, so hofft man, wäre schließlich GOTT zu finden.

Aber: Wie beantwortet dieses Kausalitätsprinzip die Frage, ob alles EINE Ursache hat und ob der dort zu findende GOTT ohne Ursache ist?

Carl Sagan[105] versuchte diese Frage zu beantworten und nutzte „Ockhams Rasiermesser"[106] als Arbeitstheorie, nach der die einfachste Theorie allen anderen vorzuziehen sei:

Wenn GOTT alles Sein aus dem Nichts erschaffen hat, – was ist der Ursprung Gottes?

Ist diese Frage unbeantwortbar, ist auch die Frage nach der Entstehung des Universums, aus der >Singularität<[94] unbeantwortbar -

GOTT war schon immer da – die Singularität ebenfalls!

Die Frage, ob man GOTT beweisen könne, hat auch den Wissenschaftler Bertrand Russel[109] beschäftigt
Er beschreibt eine > hypothetische Teekanne <, die zwischen Erde und Mars um die Sonne kreist, aber so klein ist, dass man sie auch mit dem stärksten Teleskop nicht sehen kann. Wenn er – ohne widerlegbare Beweise – behauptet, dass diese Teekanne existiert, kann man nicht erwarten, dass man dieser Aussage glaubt, bloß weil es nicht möglich ist, das Gegenteil zu beweisen.
So sei es, so Russel, auch mit dem Glauben an einen GOTT!

Unter dem Begriff >Russels Teekanne< ist diese als Analogie zur verstehenden Behauptung bekannt, die klarmacht, dass die Beweislast bei dem liegt, der eine Behauptung aufstellt und nicht, dass der Andere diese Behauptung widerlegen muss.

Die „Gong-Chun-Teekanne" CC BY-SA 3.0

Die Kritik an den „Heiligen Schriften" findet heute offen und nicht mehr versteckt statt. Liedermacher, Satiriker oder Kabarettisten formulieren das oft klug und pointiert:
Bodo Wartke & Die Schönen Guten A-Band
Die heiligen Schriften 2.0
https://www.youtube.com/watch?v=88eVuCRlnuA,

„Betriebssystem von Computern werden ja regelmäßig upgedatet, um sie den Anforderungen der heutigen Zeit anzupassen.
Seltsam ist, mit den heiligen Schriften passiert das nicht.
Die verfügen tatsächlich immer noch über genau denselben Quellcode wie beim ersten Release. Das heißt, die sind noch nie so richtig über den Stand einer Beta-Version hinausgekommen und dadurch voller Sicherheitslücken und Bugs, die nie gefixt wurden. Gut, lediglich das Christentum wurde einmal upgedatet aber das ist ja auch schon 500 Jahre her.Es führt dazu, dass die Buchreligionen bis heute, leider, immer wieder von Fanatikern gehackt und für finstere Zwecke missbraucht werden.

Um so etwas künftig zu verhindern, bin ich sehr dafür, mit den heiligen Schriften genauso zu verfahren wie mit Betriebssystemen von Computern und sie mit einem nachträglichen Sicherheitsupdate auszustatten:

Die heiligen Schriften 2.0

Für viele Menschen sind die „heiligen Schriften",
also die Bücher, die die Religionen stiften,
das einzig wahre göttliche Gesetz.
Doch ich frag' mich, ob man sie damit nicht überschätzt?
Denn das Problem bei diesen Büchern ist,
dass man sie ja nun mal unterschiedlich auslegen kann,
Drum schlag' ich vor, aufgrund der Differenzen
in diesen Büchern ein paar Punkte zu ergänzen,
und zwar die folgenden:

Du sollst andere Menschen nicht diskriminieren,
sondern sie, so wie sie sind, akzeptieren.
Begegne allen – auch denen, die ganz anders
sind als du – mit Respekt und Toleranz.
Und wenn jemand anders ist als du,
dann geh' doch einfach mal auf ihn zu,
vielleicht ist es danach gar nicht mehr „vonnöten",
alle „Ungläubigen" zu töten.
Du sollst dich nicht über andere erheben,
und sie betrachten als „unwertes Leben",
etwa weil sie einen anderen Glauben haben,
andere Herkunftsorte oder Hautfarben.
Du sollst auch keine Kinder missbrauchen
und sie zu seelischen Krüppeln zusammenstauchen,
sie ausbeuten oder gar ums Leben bringen
und sie auch nicht in eine Kinderehe zwingen.
Du sollst damit aufhören, Homosexuellen,
und anderen Minderheiten nachzustellen,
du sollst sie in Frieden leben und lieben lassen
und es endlich unterlassen, sie zu hassen.
Ändere bitte, deine Attitüde
sei nicht so engstirnig und so prüde,
denn wenn du erst mal nicht mehr so verklemmt bist,
musst du auch nicht mehr bekämpfen was dir fremd ist.
Du sollst auch keine Frauen vergewaltigen,
und auch von deinen anderen mannigfaltigen
Arten Frauen zu unterdrücken,
ist es langsam an der Zeit, abzurücken.
Lass es bleiben sie zu peinigen,
sie zu schlagen, zu beschneiden und zu steinigen,
sie an Leib und Seele zu verletzen
und im Gesicht mit Säure zu verätzen.
Stattdessen solltest du sie mal lieber gleich berechtigen
und ihnen zugestehen, sich selber zu ermächtigen
und ihre Potenziale zu entfalten,
statt sie von Bildung fern zu halten.

Und lass sie ruhig mal selber entscheiden,
ob und wen sie heiraten und wie sie sich kleiden,
statt sie auf deine Auffassung von Ehre einzunorden,
die vorsieht, sie bei Ungehorsam zu ermorden.
Und sei nicht immer gleich beleidigt,
lehn' dich einfach mal zurück und bleib geschmeidig,
statt immer alles in Sünde zu verbannen,
könntest du dich einfach mal entspannen
und lieber mal die Umwelt und das Klima schützen,
- wie wär's und Dinge tun, die dem Frieden nützen,
statt mit deinem Weltbild, deinem ewig-gestrigen,
alle unablässig zu belästigen.
Vielleicht solltest du dein Weltbild mal erneuern,
und keine Flugzeuge in Wolkenkratzer steuern,
oder LKWs in Menschenmengen,
und du sollst dich auch nicht selber sprengen.
Und wenn du dich schon selber sprengen musst,
tu's bitte wenigstens umweltbewusst
an einem Ort in sicherer Distanz,
wo du niemand, außer dir verletzen kannst.
Ach ja, und aus aktuellem Anlass und
der Vollständigkeit halber sei noch kurz erwähnt fürs Protokoll:
Man kotzt nicht, wie der hinter letzte Troll,
das Internet mit Hass und Hetze voll.
Man bedroht auch nicht andere mit dem Tod,
kleiner Querverweis aufs 5. Gebot.
Man ermordet auch keine Laizisten,
Karikaturisten oder Journalist*innen.
Und schon gar nicht sollte man erwägen,
sie bei lebendigem Leibe zu zersägen.

Und Menschen, die sich zur Meinungsfreiheit bekennen,
soll man auch nicht den Kopf abtrennen.
Und nee, man geht nicht mit ,nem MG,
weder aufs Konzert in die Kirche Synagoge noch Moschee.
Man sticht in andere Menschen auch kein Messer rein,

Nein, all diese Dinge lässt man besser sein
und ruft dabei nicht den Namen seines Herrn,
denn ich vermute mal, das hat er nicht so gern.

Zusammengefasst:

Lass mit deinem frömmelnden Getue
deine Mitmenschen doch einfach mal in Ruhe.
Und hör' damit auf dein schlechtes Benehmen
als angeblich „gottgewollt" zu verbrämen,
Drum lass uns einfach so verbleiben,
all diese Punkte in die Bücher reinzuschreiben.
Wenn wir uns alle daran halten, wird sofort
die ganze Welt zu einem friedlichen Ort.

Ach, stünde all das in den Büchern drin,
dann hätten diese endlich einen Sinn.

Marcus Sümnick - Eigenes Werk Bodo Wartke bei seinem Konzertauftritt mit dem Programm
"Achillesverse" im September 2011 in der Rostocker Stadthalle CC BY-SA 3.0

Weil die Naturwissenschaften festgestellt haben, dass die Entstehung von Leben und seine Entwicklung von bestimmten konstanten Faktoren abhängig ist, ergibt es Sinn, sich jetzt mit der Evolution[127] zu beschäftigen. Wenn sich die Menschen der Frühzeit die Fragen nach einer Ursache, – also nach einem GOTT – gestellt haben, war das eine Frage, die mit der Frage nach dem Ursprung des Lebens, vor allem mit der Erschaffung des Menschen in unmittelbaren Zusammenhang stand.

Antworten scheinen sich in den weltweit vorhandenen Schöpfungsmythen der unterschiedlichen Völker zu finden. Schöpfungsmythen haben sich, so der amerikanische Religionswissenschaftler Charles Long[111], hauptsächlich in den nachfolgend aufgeführten Mythen-Arten entwickelt

- **Emergenz Mythen:** Die Menschen treten aus der Erde z. B. aus einem Loch – oder aus einer Erdmutter hervor, die später zur Erde wird. Ein befruchteter Himmelsgott kann ein Teil des Mythos sein. Die Betonung liegt hier auf der Entstehung des Menschen, es handelt sich also eher um eine Antrophogonie, als um eine Kosmogonie.
- **Mythos der Ureltern:** Die Welt entsteht aus der Vereinigung und Teilung des primordialen Elternpaares, z. B. der Erdmutter und des Himmelsvaters, die ursprünglich eine Einheit darstellten. Manchmal wird die Erdmutter (oder in der nordischen Mythologie der Riese Ymir) geopfert; aus ihren Körperteilen geht die Welt hervor. Zu diesem Typus gehört der altindische Mythos vom Urmenschen Purusha und der babylonische Tiamat-Mythos.
- **Schöpfung aus dem Chaos oder dem Ur-Ei:** Die Welt wird aus einer vorher existierenden und undifferenzierten Masse (prima materia)oder aus einem Ei geschaffen. Dieses Material hat kein Schöpfergott erschaffen.
- **Schöpfung aus dem Nichts:** Diese Vorstellung setzt einen Schöpfergott voraus, der schon immer existierte. Sie ist nicht nur in den monotheistischen Religionen verbreitet.

- **Erdtauchermythos:** Hierbei schickt GOTT ein Tier in die Tiefe des Wassers, um die *prima materia* heraufzuholen. Der Schwerpunkt der Erklärung liegt auf der Erschaffung der Erde, nicht des Kosmos. Dazu zählen die Mythen der indigenen Völker Arizonas und New Mexikos.

Diese Schöpfungsmythen entstanden zu einer Zeit, als die wissenschaftlichen Erkenntnisse der Menschen noch nicht so weit vorlagen, wie sie es heute tun und durch verifizierbare Fakten darüber, was Evolution[127] ist, und wie sie sich entwickelt, belegt werden kann. Gedanken über die Evolution im weitesten Sinn liegen schon seit der Zeit der „Naturphilosophen" vor und konnten damals nicht begründet werden – und sind heute widerlegt.

Ob sich Leben, schließlich der Mensch aus >dem Wasser<, > allgemeiner Feuchtigkeit<, aus >Schlamm< oder aus >Pflanzen< entwickelt hat, ist für diese, religiös theologisch begründete Naturphilosophie eine Annahme, die sich wissenschaftlich bis heute nicht begründen oder beweisen lässt.
Ebenso wenig wie die durch die abrahamitischen Religionen behaupteten Lehren, wonach die Welt und die Arten durch einen einmaligen göttlichen Schöpfungsakt entstanden sein sollen. Spätestens nach der „Kopernikanischen Wende"[111a], in der die Erde aus dem Mittelpunkt an den Rand des Universums verschoben wurde, setzte wissenschaftliches Denken der Menschen ein rationales Denken ein, das eine Veränderung der bestehenden Denkstrukturen bewirkte. Das einsetzende Zeitalter der Aufklärung bekämpfte die durch die Religionen bedingten Vorurteile und Vorbehalte, vor allem gegen die Naturwissenschaften. Die von antiken Denkern konzipierte Evolutionstheorie wurde von neuen, wissenschaftlich denkenden und handelnden Menschen modifiziert. Die Entstehung des Lebens, die Abstammung der Lebewesen untereinander und die Mechanismen der Evolution[127] wurden gesucht, untersucht und, soweit dies zu dieser Zeit möglich war, dargestellt und dem wissenschaftlichen Diskurs gestellt.

Jean-Baptiste de Lamarck(1744-1829)[113] wandte das geologische Kontinuitätsprinzip auf die Biologie an: *„Arten sind veränderlich und verändern sich in kleinen Schritten(„Die Natur macht keine Sprünge!"), könne aber nicht aussterben",* war eine seiner Thesen, die allerdings heute dadurch, dass man erkannte das Arten bereits seit grauer Vorzeit ausgestorben sind, widerlegt sind. Lamarck's Idee von einer *„Stufenleiter der Natur"* unterstellte, dass je älter eine Lebensform sei, umso vollkommener müsste sie aufgrund der länger durchlaufenden Evolutionsstufen, in ihrer Entwicklung sein.

Am Beispiel des nicht perfekten Menschen lässt sich sein Irrtum leicht nachweisen. Seine Ansicht, dass evolutionäre Entwicklungsprozesse konsequent zielorientiert, d. h. mit dem Ziel einer > Vervollkommnung < verlaufen, wird von Evolutionsbiologen heute nicht mehr vertreten.

Lamarck stellte Anfang des 19. Jahrhunderts (1809) die Theorie der *„Vererbung erworbener Eigenschaften"* auf, der sich aber auf den inzwischen als nicht haltbar gewordenen „Vervollkommnungstrieb" bezog. Richtig erkannt hatte er, dass sich Lebewesen durch Anpassung an die Erfordernisse der Umwelt verändern.

Diese individuellen Veränderungen werden nach seiner Theorie an die Nachkommen vererbt. Damit schuf er für die Biologie eine naturwissenschaftliche Grundlage, die im Gegensatz zu den bisher unterstellten Prinzipien angenommener „göttlicher Ordnungen" standen.

Jean-Baptiste de Lamarck Galerie des Naturalistes de J. Pizzetta, Paris: Ed. Hennuyer, 1893 gemeinfrei

Neben anderen Wissenschaftlern, die sich mit der Evolutionstheorie auseinandersetzten, erscheint Étienne Geoffroy Saint-Hilaire[114] besonders erwähnenswert.

Er entwickelte mit seinen Beobachtungen und Forschungen die Theorie, dass sowohl Wirbeltiere als auch Wirbellose nach einem gemeinsamen Grundbauplan konstruiert sein müssten.

Diese Theorie dokumentierte er in seiner „Philosophie anatomique" und postulierte, dass es in der Entwicklung keine „Sprünge" gäbe und deshalb heute noch überflüssig gewordenen Organe rudimentär in den Körpern zu finden sein müssten.

Evolutionsbiologen der Moderne haben diese Annahmen bestätigt.

Saint Hilaire, Etienne (1772 - 1844). zeitgenössischer Stich gemeinfrei

Jeder, der sich mit der Evolutionstheorie beschäftigt, sei es Bestätigungen zu finden oder der Versuch, sie zu widerlegen, muss sich mit Charles Darwin[114] auseinandersetzen.

Darwin sollte ursprünglich Arzt werden und die väterliche Praxis weiterführen. Während des Medizinstudiums in Edinburgh bevorzugte er naturwissenschaftliche Vorlesungen, insbesondere die über Chemie. Er beschäftigte sich mit der Lamarckschen Evolutionslehre, erlernte wissenschaftliches Beobachten und erkannte die Bedeutung exakter Aufzeichnungen solcher Arbeiten. Nach väterlichen Einfluss begann er das Studium der Theologie in Cambridge.

Er beschäftigte sich intensiv mit Insektenkunde und wurde schon 1829 in *„Illustration of British Entomologie" anerkennend erwähnt.* 1831 wurde er, wohl auf Empfehlung seines Gönners Henslow, auf die nächste Fahrt der HMS Beagle, die in Patagonien und Feuerland kartografische Messungen vornehmen sollte, als naturwissenschaftlicher Berater eingeladen. Die 1831 begonnene und ca. 5 Jahre andauernde Reise wurde für Darwin der Beginn seiner wissenschaftlichen Anerkennung als Geologe, die durch seine Theorie über die Entstehung der Korallenriffe begründet wurde.

Seine Erkenntnisse und die daraus gebildeten Theorien über die Anpassung der Lebewesen an die Lebensräume durch Variation und Selektion hielt er lange zurück, die er dann erst 1859 in seinem Hauptwerk **„ On the Origin of Species"** *(Über die Entstehung der Arten),* was seine naturwissenschaftliche Erklärung und Grundlage der modernen Evolutionstheorie und -biologie bildete.

Dabei versuchte Darwin seine Arbeit auf eine breite Basis von Medizin, Psychologie, Philosophie, aber auch Theologie als Naturwissenschaft zu stellen.

Zwischenzeitlich lehnte er die theologischen Begründungen von Paley, die er in Cambridge kennen- und schätzen gelernt hatte, ab. Seine Beschäftigung mit der Tier- und Pflanzenzucht hatten ihm die Veränderlichkeit der Arten durch künstliche Selektion bekannt gemacht.

Er lernte von T.R. Malthus das >Prinzip der Population< kennen, wonach die Bevölkerungszahl, wenn sie nicht kontrolliert oder von außen beschränkt wird, exponentiell wächst, was zu einem Zusammenbruch der Population führen kann, weil sich die Ressourcen, die Nahrung, nicht in der gleichen Form weiter entwickelt.

Darwin erkannte, dass sich diese Gesetzmäßigkeiten auch auf andere Arten anwenden ließ und sich dadurch vorteilhafte Artenvariationen durchsetzen und unvorteilhafte Arten unterliegen und verschwinden würden. Das war für ihn eine schlüssige Begründung für die Veränderungen und das Entstehen anderer neuer Arten.

Trotz heftiger Anfeindungen konservativer, vor allem katholischer Kreise, errang Darwin hohe wissenschaftliche Reputation.

Er veröffentlichte eine mehrbändige Dokumentation über die wissenschaftlichen Ergebnisse seiner Reise mit der HMS Beagle. Seine Aufnahme in die Royal Society und den Athenaeum Club, sowie seine Berufung zum Rat der Geological Society of London und zum Rat der Royal Geographical Society dokumentierten, wie sehr er in der wissenschaftlichen Welt anerkannt wurde.

Charles Darwin auf einem Aquarell von George Richmond (1809–1896) aus dem Jahr 1840

In Deutschland sorgte Ernst Heinr. Philipp August Haeckel[115] mit seinen Vorträgen und Schriften für die Verbreitung des Darwinismus. Seine Überzeugungen gingen so weit, dass er im Gegensatz zu seinem Lehrer Virchow[116] und auch gegen seinen erklärten wissenschaftlichen Gegner Emil H.Du Bois-Reymond[117] die Evolutionstheorie in den Schulunterricht bringen wollte. Er argumentierte und entwickelte aufgrund seiner embryologischen Beobachtungen und Arbeiten in der Evolutionstheorie eine von ihm entwickelte „Biogenetische Grundregel", das früher als „Biogenetisches Grundgesetz" bezeichnet wurde. Diese Regel spricht davon, dass bei der Entwicklung von Embryonen das Phänomen auftritt, dass beider Entwicklung unterschiedlicher Tierarten sich die Embryonen ähnlicher sind, als die späteren, voll entwickelten Arten. Auch wenn dies heute wissenschaftlich als nicht gesichert gilt, erfahren diese Annahmen in moderner Evolutionspsychologie und bei der Molekulargenetik immer noch Beachtung.

Ernst Haeckel Fotograf unbekannt – gemeinfrei

Der Naturwissenschaftler Richard Dawkins[108], ein bekennender Atheist, bemerkte in seinem Buch „Der blinde Uhrmacher" zum Thema

>Gottesbeweis<:

„William Paley, ein Theologe des 19. Jahrhunderts, formulierte einen Gottesbeweis, der Argumentationsgeschichte gemacht hat: Eine Uhr, beispielsweise in ihrer komplexen Konstruktion und perfekten Funktion kann nicht durch blinden Zufall entstanden sein, sondern nur durch den Plan eines Uhrmachers. Und ebenso muss alles Leben, das ja einen noch weit größeren Grad an Komplexität und Sinnfälligkeit aufweist, von einem Schöpfergott erschaffen worden sein. Paleys Analogie zwischen Uhr und Lebewesen ist falsch, das Argument von der Zweckmäßigkeit des Universums kein Beweis für die göttliche Existenz.

Charles Darwin gab eine weitaus zutreffendere Erklärung für die Entwicklung des Lebens: Die natürliche Selektion ist ein unbewusster, automatischer, blinder und dennoch nicht zufälliger Prozess in der Natur; sie kann nichts planen, vorhersehen oder erkennen. Und will man der Natur die Rolle eines Uhrmachers zugestehen, so kann man sie allenfalls einen blinden Uhrmacher nennen."

Dawkins lehnt das schon oben erwähnte >kosmologische Argument< als Beweis für die Existenz eines Gottes in seinem Buch >Der Gotteswahn< kategorisch ab. Seine Begründung fußt auf der Negierung des dort angewendeten > Infinitiven Regress<, der einen „endlosen Rückgang in einer unendlichen Reihe" beschreibt. Dabei handelt es sich um eine Reihe von Ursachen und Wirkungen, die, wendete man sie immer weiter an, zu keinem Ende führen kann – ein infinitiver Regress ist tatsächlich nicht möglich, weil jede Begründung immer wieder begründet werden muss, ohne dass es in dieser Reihenfolge jemals zu einem Ende kommen würde. Aristoteles ging davon aus, dass es ein erstes Prinzip gibt, also einen ersten Impulsgeber, von welchem die Bewegung ausgeht und den er sich ohne Materialität und Raumlos vorstellt. Diese Merkmale ordnet er GOTT zu, den er wie folgt definiert: „GOTT ist das Ewige, absolut vollkommene Lebendige, und ihm kommt mithin ein zeitlos ewiges Leben und Dasein zu.

Diese Argumentation hält Dawkins für unhaltbar, weil danach GOTT unerwünschte, triviale Eigenschaften besitzen könnte, – was nicht göttlich sei.
Nun darf man nicht dem Irrtum anheimfallen, dass Dawkins damit die Position Gottes verteidigen wollte – er hält den Glauben an einen GOTT schlicht für eine Wahnvorstellung.

Richard Dawkins (September 2010)CC BY 3.0

Mit der Frage, ob es einen GOTT gibt und ob und wie man ihn beweisen könne, beschäftigte sich auch einer der brillantesten Köpfe des 20./21. Jahrhunderts, Stephan Hawkings[110].
Religiöse Kreise versuchen immer wieder, Hawking für ihre Theorien zu vereinnahmen und begründen dies u. a. damit, dass er durch die Teilnahmen an den Sitzungen der Päpstlichen Akademie der Wissenschaft der These, dass Religion und Wissenschaft unvereinbar wären, widersprochen hätte und er daher als *„Gläubiger im weitesten Sinn"* anzusehen sei.

Tatsächlich glaubte Hawking, wie viele Wissenschaftler, die dies begründet erklären, an die unbestreitbare Existenz der Naturgesetze. Diese sind, anders als die durch Menschen erdachten Gesetze, seit ihrem Entstehen unveränderbar und unumgänglich.

Stephen Hawking bei der NASA, gemeinfrei

Die Frage „Gibt es (einen) GOTT?" hat Hawking so intensiv beschäftigt, dass das erste Kapitel seines letzten Buches mit dem Titel:

„Brief Answers to the Big Questions"   in Deutsch

„Kurze Antworten auf Große Fragen"

GIBT ES EINEN GOTT?

                                             lautet.

Um Missverständnisse zu vermeiden, zitiere ich den Autor
Stephen Hawkings aus seinem letzten Buch (*kursiv*):

„Immer öfter beantwortet die Naturwissenschaft Fragen, die einst in die Zuständigkeit der Religion fielen. Die Religion war ein früher Versuch, Antworten auf die Fragen zu finden, die wir alle stellen: Warum sind wir hier, woher kommen wir? Vor langer Zeit lautete die fast immer gleiche Antwort: Die Götter haben alles geschaffen. Die Welt war ein Furcht einflößender Ort, daher glaubten selbst so hart gesottene Kerle wie die Wikinger an übernatürliche Wesen, um sich Naturerscheinungen wie Gewitter, Stürme oder Sonnen- und Mondfinsternisse zu erklären. Heute liefert die Naturwissenschaft bessere und schlüssigere Antworten, aber es wird immer Menschen geben, die sich an die Religion klammern, weil sie Trost spendet und weil sie der Wissenschaft nicht trauen oder sie nicht verstehen."
Kurze Antworten auf Grosse Fragen, Seite 49

In diesem kurzen Abschnitt umfasst er treffend die Entwicklung vom Götterglauben zur wissenschaftlichen Erkenntnis moderner Naturwissenschaften.
Er betont auf der folgenden Seite ausdrücklich, dass er *„gar nichts gegen GOTT habe"* und erklärt ausdrücklich, dass seine Arbeit nicht den Zweck hat, die Existenz Gottes zu beweisen oder zu widerlegen.
Hawking deklariert ausdrücklich das Ziel seiner Arbeit so:
„Meine Forschung hat zum Ziel, ein rationales Bezugssystem zu finden, um das Universum, das uns umgibt, zu verstehen."
Kurze Fragen auf Grosse Fragen, Seite 50

Anhand historischer Begebenheiten und früherer Beobachtungsergebnisse konstatiert er, dass das Universum wie eine Maschine funktioniert, die nach bestimmten Gesetzmäßigkeiten funktioniert und dass Menschen in der Lage sind, diese Gesetzmäßigkeiten zu erkennen und zu verstehen.

„Die Gesetze der Natur beschreiben, wie die Dinge tatsächlich funktionieren, und zwar in der Vergangenheit, der Gegenwart und der Zukunft. Bei einem Tennisspiel geht der Ball immer dorthin, wo er auch landen soll. Hier spielen viele Gesetze eine Rolle."
Kurze Antworten auf Grosse Fragen, Seite 51/52

Diese Naturgesetze sind, so seine Erkenntnis, sowohl unveränderbar wie universell, d.h. sie gelten für alles und jedes im gesamten Universum und können auch von Menschen nicht gebrochen werden. Daran schließt sich zwangsläufig die Frage an, ob und welche Rolle in einem so aufgebauten Universum, (ein) GOTT spielen kann oder soll? Auch hierzu gibt Stephan Hawking eine klare, respektvolle und eindeutige Antwort:

„Ich verwende das Wort >> GOTT << wie Einstein in einem unpersönlichen Sinn für die Naturgesetze. Folglich kennt, wer die Naturgesetze kennt, die Gedanken Gottes.
Meine Vorhersage lautet:
Wir werden am Ende dieses Jahrhunderts wissen, was GOTT denkt.
Der letzte verbleibende Bereich, den die Religion noch für sich beanspruchen kann, ist der Ursprung des Universums, aber selbst hier macht die Wissenschaft Fortschritte und dürfte schon bald mit Gewissheit beschreiben können, wie das Universum angefangen hat."
Kurze Antworten auf Grosse Fragen, Seite 53

Bisher bestimmte und verkündete die Theologie[118], was GOTT denkt, meint und sagt, und die Theologen haben dies den Menschen in nicht enden wollenden Reden und „Heiligen Büchern"[119] mitgeteilt und häufig dogmatisch[120] verkündet.
Wenn, wie Hawking als Möglichkeit einräumt, der Begriff >> GOTT << mit den Naturgesetzen gleichzusetzen ist, dann sind durch die in den Naturgesetzen liegenden wissenschaftlichen Voraussetzungen der vergangene derzeitige und der zukünftige Zustand bestimmbar, berechenbar und ein Eingreifen von außen unmöglich, weil ER damit gegen die eigene Gesetzmäßigkeit verstoßen würde und die Gesetze ad absurdum führen würde – kurz gesagt:

Es gibt keine Wunder, z. B. durch Aufhebung der Naturgesetze.

Damit wird nach meinem Eindruck das schon seit dem Mittelalter unter Philosophen diskutierte „Allmachtsparadoxon"[121] aufgelöst. Naturgesetze sind unveränderbar, universell und sowohl logisch wie mathematisch aufgebaut. Allmacht kann deshalb nicht funktionieren, weil das Paradoxon fordert, dass gegen die Gesetze der Logik verstoßen wird, – was in der Natur nicht vorkommt.

Einen „allmächtigen GOTT", so wie ihn Theologen seit Jahrtausenden predigen, kann es also nach den logischen Naturgesetzen nicht geben.

Wie aber ist das Universum entstanden, was hat unsere Welt erschaffen?

Hawking bietet folgende Überlegungen als Lösung an:

„Die Antwort ergab sich aus den Erkenntnissen des vermutlich bemerkenswertesten Wissenschaftlers, der je gelebt hat. Sein Name Albert Einstein. Leider bin ich ihm nie begegnet, denn ich war erst 13, als er starb. Einstein machte eine höchst erstaunliche Entdeckung: Die beiden wichtigsten Zutaten zur Herstellung eines Universums – Masse und Energie – sind im Grunde genommen dasselbe, zwei Seiten einer Medaille, wenn Sie so wollen. Seine berühmte Gleichung:

$$E = mc^2$$

bedeutet einfach, dass wir uns Masse als eine Form von Energie vorstellen können und umgekehrt. Folglich lässt sich sagen, dass zur Herstellung eines Universums nicht drei, (Materie/Energie/Raum), sondern nur zwei Zutaten gehören:

E n e r g i e und R a u m. Woher ist diese Menge an Energie und Raum gekommen? Nach jahrzehntelanger Forschung haben Kosmologen die Antwort gefunden: Raum und Energie wurden während eines Ereignisses spontan erzeugt, das wir heute U r k n a l l nennen .Im Augenblick des Urknalls entstand ein vollständiges Universum und mit ihm der Raum. Das Ganze blähte sich auf wie ein Luftballon, der aufgeblasen wird.

Kurze Antworten auf Grosse Fragen, Seite 55

Gläubige Menschen sehen im Moment des Urknalls das Handeln Gottes, der in diesem Augenblick als Schöpfer der Welt handelte.

Prüfen wir jetzt mit Hawking und den uns heute bekannten Naturgesetzen, ob GOTT die einzige Ursache und Möglichkeit des Ursprungs des Universums sein kann oder ist.

Das, aus dem der Urknall - „BigBang" – entstand, ist unter Physikern als Singularität[122] bekannt. Natürlich stellt sich die Frage, wie sich aus einem Punkt ein derart großes, riesiges und ziemlich vollständiges Universum mit all seinen Nebeln, Galaxien, Sternen und Planeten schließlich auch das Leben entwickeln konnte?

Stephan Hawking beantwortet diese ungeheuer wichtige und umfassende Frage mit einfachen Worten:

„Das Geheimnis erklärt sich aus einem der seltsamsten Aspekte unseres Kosmos. Die Gesetze der Physik verlangen die Existenz eines Phänomens, das wir negative Energie [123] nennen.

Erlauben Sie mir einen einfachen Vergleich, um Ihnen dieses seltsame, aber höchst entscheidende Konzept näherzubringen.

Stellen Sie sich einen Mann vor, der auf einem flachen Stück Land einen Hügel aufbauen möchte. Der Hügel soll das Universum darstellen. Um ihn herzustellen, gräbt der Mann ein Loch in den Boden und verwendet die Erde, um den Hügel aufzuwerfen. Natürlich stellt er dabei nicht nur einen Hügel her, sondern macht auch ein Loch – also eine negative Version des Hügels. Das Erdreich, das im Loch war, ist jetzt zum Hügel geworden und alles bleibt vollkommen im Gleichgewicht.

Genau das ist das Prinzip, das dem Anfang des Universums zugrunde lag. Als der Urknall eine gewaltige Menge an positiver Energie erzeugte, produzierte er gleichzeitig dieselbe Menge an negativer Energie. Auf diese Weise ergänzen sich das Positive und das Negative immer zu null. Das ist ein weiteres Naturgesetz.

Wo ist dann all diese negative Energie heute?
Sie befindet sich in der dritten Zutat unseres kosmischen Kochbuches, – das heißt, sie ist im Weltraum. Das mag merkwürdig klingen, aber nach den Naturgesetzen, die Gravitation und Bewegung betreffen – Gesetze, die zu den ältesten in der Naturwissenschaft gehören -, ist

der kosmische Raum selbst ein riesiger Speicher für negative Energie.
Genug, um dafür zu sorgen, dass alles sich zu Null addiert. Ich gebe
zu, dass dies für jemanden, der mit der Mathematik nicht vertraut ist,
schwer zu begreifen ist, aber es stimmt.

Kurze Antworten auf Grosse Fragen, Seite 57

Der aufmerksame Leser fragt sich an dieser Stelle, was das Ganze
denn mit der Frage nach GOTT zu tun haben soll?
Die Antwort klingt simpel, umfasst aber eine ungeheuerliche Logik:

Das unendliche Netz von Milliarden und Abermilliarden Galaxien,
deren jede mit der Kraft der Gravitation auf alle anderen Galaxien
einwirkt, wirkt wie eine riesige Speichervorrichtung. Das Universum
ist wie ein Akku, der die negative Energie speichert.

Die positive Seite der Dinge, – die Masse und die Energie, die wir
heute sehen, gleicht dem Hügel. Das entsprechende Loch oder die
negative Seite der Dinge, ist über den ganzen Raum verteilt. Was
bedeutet das also für unser Bemühen herauszufinden, ob es einen
GOTT gibt?
Ganz einfach: Wenn sich das Universum zu nichts addiert, braucht
man keinen GOTT um es zu erschaffen.
Das Universum ist in der absoluten Bedeutung des Wortes

u m s o n s t .

Kurze Antworten auf Grosse Fragen, Seite 58

Umsonst?
Wer oder was hat denn diesen Prozess, also die Ausdehnung aus der
Singularität[122] veranlasst?
Schauen wir uns die Definition >> Singularität << noch einmal zum
besseren Verständnis, etwas genauer an.

Dort heißt es u.a.:

In der mathematischen Anfangssingularität sind Raum und Zeit noch nicht vorhanden.

Angaben über Ausdehnung oder Dauer sind somit aus der Physik hinausdefiniert.

In der Anfangssingularität können die uns bekannten Naturgesetze nicht gültig gewesen sein.

Die Anfangssingularität war kein Schwarzes Loch. Sie hatte keinen Ereignishorizont und keinen sie umgebenden Außenraum.

Schon im ersten Satz der oben stehenden Beschreibung ist das Entscheidende erklärt, die weiteren Ausführungen ergänzen die Aussage, dass es in der Singularität weder ZEIT, noch RAUM vorhanden waren/sind. Um eine Handlung zu vollführen, ist zumindest ZEIT notwendig, die aber VOR dem Urknall nicht vorhanden war.

Hawking beschreibt das so:

„Damit haben wir endlich etwas gefunden, was keine Ursache hat, weil es keine Zeit gab, in der eine Ursache hätte existieren können. Nach meiner Ansicht folgt daraus, dass keine Möglichkeit für einen Schöpfer bleibt, weil es keine Zeit für die Existenz eines Schöpfers gibt."

Kurze Antworten auf Grosse Fragen, Seite 62

Quintessenz

Hawking fällt ein deutliches Urteil zur Frage „Gibt es GOTT?"
Für ihn als Wissenschaftler bedeutete das, dass es in einem Moment, in dem es weder Zeit nochj Grund und Zweck gegeben hat, es auch keines Schöpfers bedurfte.
Diese Einsicht führte Stephan Hawking zu dem Schluss:

Es gibt keinen GOTT.

Niemand initiierte den Urknall und niemand bestimmt über unser Schicksal.
Somit ging er auch davon aus, des es folglich keinen Himmel und kein Leben nach dem Tod gibt. Für ihn galten ausschließlich die Naturgesetze, die das Leben erschaffen und die über dem Menschen stehen. Bestenfalls könnte man, wenn man es möchte, diese als göttlich verstehen und es sei die Aufgabe von uns Menschen, diese Naturgesetze ausgiebig zu erforschen, um die Welt, das Universum immer besser zu verstehen. Trifft es möglicherweise zu, dass es unmöglich ist GOTT, Gottheiten, Götter/Göttinnen zu sprechen, weil die menschliche Vernunft dazu nicht ausreicht, oder weil es schlicht irrational wäre, über etwas zu diskutieren, das durch die Wissenschaft nicht zu belegen ist?
Es sollte uns möglich sein, die Grundlagen und Gesetzmäßigkeiten, die Zusammenhänge einer objektiven Realität zu erkennen, ohne dass wir uns auf höhere Erkenntnisfunktionen, Intuition oder Glauben berufen und uns nicht auf die Ebene eines Irrationalismus oder einer vergleichbaren irrationalen Glaubenshaltung begeben müssen.
Für weiteres Nachdenken sollten wir uns deshalb von den religionsphilosophischen Erkenntnislehren lösen, die voraussetzen, dass sich Glauben und Vernunft gegenseitig bedingen und den religiösen Glauben nicht weiter als Denk-und Arbeitsinstrument nutzen.

Der im christlichen Diskurs seit Jahrhunderten geltende Grundsatz
„Credo, quia absurdum est", (..ich glaube, weil es der Vernunft
zuwiderläuft") oder auch (..ich glaube, weil es widersinnig ist - d.h.
weil es das Fassungsvermögen der Vernunft übersteigt-), kann
angesichts der gesicherten naturwissenschaftlichen Erkenntnisse
nicht weiter ein Grundsatz für die Einsichten nachdenkender
Menschen sein. Kann es überhaupt gelingen, mit den Vorgaben
wissenschaftlichen Erkenntnisgewinnes, die Frage, ob es einen GOTT
gibt, zufriedenstellend zu beantworten?

Als Gegenbegriff zum Fideismus, dem Glauben gegen jede Vernunft,
kann der Rationalismus[127] betrachtet werden, der davon ausgeht,
dass alle Erkenntnisse, auch die religiösen, der menschlichen
Vernunft zugänglich sind.

Lösen wir uns deshalb von den metaphysischen Auslegungen und
dem Irrationalen, also den nicht durch Glaubenssätze und Dogmen
festgeschriebenen Annahmen und beschäftigen uns mit dem, was
uns die Wissenschaft bisher mit Erkenntnissen belegen kann:
Am Anfang des uns bekannten Universums stand die Singularität, d.
h. die in einem Punkt gebündelte Energie aus der, in dem sich durch
Ausdehnung der Singularität im so gebildeten Raum die Materie in all
ihren Erscheinungsformen erst entwickeln konnte.

Was bedeutet „die in einem Punkt gebündelte Energie?"

Ein Punkt ist, so die Definition, ein > geometrisches Objekt < ohne
jede Ausdehnung mit einem Radius NULL!
Ein ziemlich abstraktes Objekt.
Nimmt man es genau, beschreibt die Bezeichnung „Punkt"

NICHTS.

Wenn man davon ausgeht, dass das Universum aus der Singularität, was die gebündelte Energie in einem geometrischen Objekt mit dem Durchmesser Null darstellt, entstanden ist, – muss man bestätigen, dass

das Universum, alles Sein
aus dem Nichts erschaffen wurde!

Ist das überhaupt möglich?

Stephan Hawking sagt JA und begründet dies folgendermaßen:
„Da wir wissen, dass das Universum selbst einmal äußerst klein war – kleiner als ein Proton , ergibt sich eine bemerkenswerte Konsequenz: In all seiner schwindelerregenden Ausdehnung und Komplexität könnte das Universum ganz einfach aus dem Nichts aufgetaucht sein, ohne die bekannten Naturgesetze zu verletzen.
Von dem Augenblick an wären mit der Expansion des Raumes selbst ungeheure Mengen von Energie frei geworden. Ein Ort, um all die negative Energie zu speichern, die zum Ausgleich der Bilanz erforderlich ist.
Die Naturgesetze sagen uns nämlich, dass das Universum wie ein Proton aufgetaucht sein kann, ohne Hilfe in Anspruch zu nehmen und ohne Energie zu beanspruchen, aber auch, das möglicherweise nichts den Urknall verursacht hat. Nichts."
Kurze Antworten auf Grosse Fragen, Seite 60

Carl Sagan[105] versuchte diese Frage 1980 in der von ihm moderierten TV-Doku „Unser Kosmos" zu beantworten und konstatierte:

Wenn GOTT alles Sein aus dem Nichts erschaffen hat, – was ist dann der Ursprung Gottes? Gibt es einen GOTT?

Agnostiker[125] weigern sich, diese Frage endgültig zu beantworten, weil sie der Meinung sind, dass niemand wissen kann, ob es einen GOTT gibt und es deshalb unmöglich sei, diese Frage zu beantworten. Sie begründen diese Anschauung durch die Begrenztheit menschlichen Wissens, dass sie für prinzipiell halten. Dabei schließen sie die Möglichkeit der Existenz eines Gottes oder eines entsprechenden, unpersönlichen Prinzips nicht generell aus, legen sich aber nicht endgültig fest. Deshalb beantworten sie die entsprechenden Fragen nicht mit „JA" oder „NEIN", sondern weichen aus auf „Ich weiß es nicht" oder „Ich/Man kann es nicht wissen."

Ist diese Frage unbeantwortbar, dann ist auch die Frage nach der Entstehung des Universums, der >> Singularität << unbeantwortbar – das hieße dann unter Umständen:

„Die Singularität war schon immer da!"

Ein Teilgebiet der Astronomie, die Kosmologie, beschäftigt sich mit dem Ursprung der Entwicklung und den Strukturen des Kosmos und dem Universum als Ganzes.

Dieser Wissenschaftszweig sieht in der ursprünglich gesamten Masse alles, was unser heutiges gesamtes Sein, das Universum ausmacht, in einer „gravitativen Singularität" in einem „KOSMISCHEN EI" komprimiert. Was immer als Singularität verortet wird, es ist.

die **U R S A C H E**,

das **P R I N Z I P**,

der **U R G R U N D**

für die Existenz allen Seins.

Durch den Ur-Knall dehnte sich diese Singularität vor ca.13,8 Milliarden Jahren bis zu dem heutigen Zustand des Universums aus und soweit wir das beobachten und beurteilen können, dauert dieser Prozess an.
Ein Ende oder ein Ziel sind für uns nicht erkennbar.

NASA/JPL-Caltech/Univ. of Ariz. - NASA - Comets Kick up Dust in Helix Nebula gemeinfrei

Was ist oder was verbirgt sich in der Singularität?

Ein Bild sagt mehr als 1000 Worte, weshalb man sich aus dem nachfolgenden Bild eine konkrete Vorstellung der Entwicklung unseres Universums machen kann:

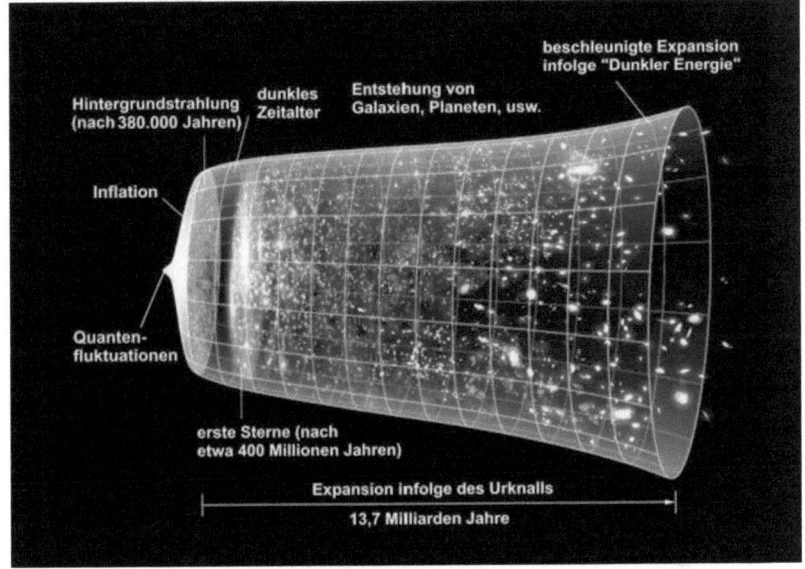

© Volkssternwarte Bonn

Auf der linken Seite des Bildes erkennen wir, oder besser, legt die Wissenschaft den bereits zitierten „Punkt", die Singularität als Beginn der Ausdehnung, die Expansion als Folge des sog. „Ur-Knall" fest, obwohl mangels eines vorhandenen Raumes während dieser Ausdehnung >nichts geknallt< haben kann.

Die Expansion der Singularität ist der Ursprung und Anfang von Raum und Zeit – beides existierte v o r h e r nicht, weshalb die Frage, was „vorher" war, unbeantwortbar, weil nicht logisch, bleibt.

Damit diese Ausdehnung überhaupt stattfinden und sich Sterne, Galaxien, Planeten und schließlich alles Sein entwickeln konnten, müssen von Anfang an sämtliche Regeln, sämtliche Gesetzmäßigkeiten, alle Naturgesetze und alle Voraussetzungen für das Sein festgelegt gewesen sein, sonst wäre nur eine chaotische

Entwicklung möglich gewesen und dem Universum hätte jegliche Stabilität zur geordneten Entwicklung gefehlt, es wäre nie entstanden.

So sorgte die >Quantenfluktuation<[126] für die in dem Bild beschriebene ‚Inflation', die lexikalisch so beschrieben wird:

Als kosmologische Inflation wird eine Phase extrem rascher Expansion des Universums bezeichnet, von der man annimmt, dass sie unmittelbar nach dem Urknall stattgefunden hat.

Dieser sehr kurze Zeitabschnitt wird von Physikern „G U T" = **Grand Unified Theory**, große vereinheitlichte Theorie' genannt, die drei von vier physikalischen Grundkräften beinhaltet, nämlich:

- die starke Kernkraft,
- die schwache Kernkraft,
- die elektromagnetische Kraft

die für eine rasche Ausdehnung sorgten.

Bei der vierten physikalischen Grundkraft handelt es sich um

- die Gravitation,

die eine besonders wichtige Rolle für das Universum spielt. Diese Aktivität im frühen Universum wurde durch die Entdeckung der Hintergrundstrahlung, d. h. der kosmischen Mikrowellenhintergrundstrahlung, die das ganze Universum erfüllt, und durch Satellitenmessungen dokumentiert wurde, belegt.

NASA / WMAP Science Team - http://map.gsfc.nasa.gov/media/121238/ilc_9yr_moll4096.png, gemeinfrei

Danach weiß man, dass in dem folgenden Abschnitt der Entwicklung des Universums die Materie transparent war, weil bis zu diesem Zeitpunkt die Trennung von Materie und elektromagnetischer Strahlung noch nicht erfolgt war.

Diese Trennung wurde erst nach der weiteren Abkühlung der vorhandenen Energie möglich und erfolgtenach den vorliegenden Berechnungen etwa 380.000 Jahre nach dem Urknall.

Das Licht, kleinere und größere Objekte, Kohlenstoff und schwerere Elemente entstanden unter Einwirkung der Gravitation später, Gaswolken verdichteten sich zu Sternen, Galaxien und Planeten. Schließlich entstand die Erde vor ca. 4,6 Milliarden Jahren und durchlief mehrere Entwicklungsphasen, bis das Leben entstand und die Evolution[127] zahlreiche Lebewesen hervorbrachte, so auch den Menschen.

Die Evolution ist ein fester Bestandteil des Universums, in dem sich *a l l e s* aus der vorhandenen Materie und der ihr innewohnenden Energie nach und nach und entsprechend der vorhandenen Naturgesetze entwickelt hat.

Hinzu kommt ein weiteres Element, das man Zufall[128] nennt.

Zufall?

Wie ist das möglich, wenn doch allgemein und universell geltende Naturgesetze festlegen, was, wann und wie geschieht?

Das Fallen der Würfel in einem Würfelbecher unterliegt zwar naturwissenschaftlichen Grundgesetzenwie der Gravitation und der Mathematik und man kennt einige Einflussfaktoren, kann sie aber weder messen noch steuern, sodass das Ergebnis nicht vorhersehbar ist und man nicht weiß, welche Seite am Ende fällt – das bestimmt der Zufall!

Auch bei der Evolution bestimmt der Zufall maßgeblich die Entwicklung eines Systems.

So gibt es eine Kontingenztheorie der Evolution, die besagt, dass das Leben auf der Erde tatsächlich überwiegend von Zufällen bestimmt wurde und unabhängig ist, was zur Folge hätte, dass unsere Erde mit den hiesigen Lebensformen so nicht noch einmal entstehen würde. Sicher ist es für Paläontologen und Biologen interessant, diesen Gedanken an entsprechenden Stellen konkret nachzugehen.

Was bedeutet dies aber für die hier gestellten Fragen:

Wo, wer und was ist GOTT oder könnte es sein?

Ist die Singularität - GOTT?

Das ist sicher eine komplexe, aber auch provokative Frage, zu der ich die Antwort(en) suche.

Was die Natur, alles, was wir heute als Außenwelt wahrnehmen betrifft, ist diese nach den menschlichen Schöpfungsgeschichten von einem überpersonalen, transzendenten Wesen, einem Schöpfer, erschaffen worden.

So steht es zumindest in den „Heiligen Schriften" oder so wird es in den > ethnischen Religionen <, das sind die, die in keiner Schriftform die Idee ihrer Religionsgemeinschaften weitergeben oder kommunizieren, wie ich es im ersten Teil bereits berichtet und dargestellt habe, erklärt.

Neben der Erde und dem (erkennbaren) Firmament entstanden gemäß dieser Annahmen auch Pflanzen und Tiere, ja sogar der Mensch durch den einmaligen Schöpfungsakt eines Schöpfers, der so die Lehren nach wie vor über seine Schöpfung wacht, sie erhält und die Menschen nach ihrem Tod be- und verurteilt.

Bisher wurden diese Annahme von Menschen formuliert, und auch wenn die Autoren sich als „vom Geist Gottes erfüllt" betrachteten und von den Gläubigen bezeichnet wurden, ist es bisher zu keinem Zeitpunkt gelungen, die in den Schriften verzeichneten Schöpfungsgeschichten, Wunder und Prophezeiungen irgendeiner belastbaren Prüfung zum Zweck des Beweises zu unterziehen.

Alle Beweisversuche schlugen fehl, genauer gesagt, wurden rein metaphysisch = spekulativ beantwortet.

Die Forschung hat festgestellt, dass die Naturgesetze seit der Ausdehnung der Materie aus der Singularität vorhanden sind und überall im Universum universell, also gleich gelten.

Unter den Naturgesetzen versteht man die Regelmäßigkeit von Vorgängen in der Natur, die Gesamtheit dieser Regelmäßigkeiten, auch der, die bisher noch nicht entdeckt oder erklärend formuliert wurden, unabhängig von den in der Zukunft liegenden Formulierungen.

Naturgesetze unterscheiden sich von anderen Gesetzmäßigkeiten dadurch, dass sie von Menschen nicht nach deren Belieben in Kraft oder außer Kraft gesetzt werden können.
Die Naturgesetze sind gewissermaßen der Bauplan für das Universum.
Naturkonstanten sind die Regeln, wie die Naturgesetze miteinander wirken und was sie zusammenwirken lässt.

Dazu gehören:

> die Lichtgeschwindigkeit[129],
> das Planksche Wirkungsquantum[130] und
> die Gravitationskonstante[131].

Wenn mit der Ausdehnung aus der Singularität sämtliche Naturgesetze und Gesetzmäßigkeiten vorhanden waren und diese demnach ab diesem Zeitpunkt universell, d. h. überall die gleiche Geltung hatten, liegt es nahe, *dass seit diesem Zeitpunkt auch die ethischen Grundsätze in gleicher Weise vorhanden und überall gültig sind.*
Das Vorhandensein von Menschen erscheint nur sekundär wichtig zu sein, weil es schon bevor es Menschen gab, die Regeln, nach denen Organismen, z. B. auch der menschliche Organismus funktioniert, mit der Ausdehnung der Singularität bereits vorhanden waren.
Es wäre daher erlaubt zu sagen, dass das Universum aus dem Nichts der Singularität entstanden ist und sich durch die von Anfang an universell geltenden Gesetze, die für die materiellen und die geistigen Objekte vorhanden sind, mit und durch diese Regeln der Gesetzmäßigkeiten entwickelt hat.

Alles Sein hat sich unter der Einwirkung diverser Zufälle aus dieser Ausgangsposition ohne zusätzliche Einwirkung von äußeren Kräften, entwickelt.

Welche Gesetzmäßigkeit(en) könnten mit den Naturgesetzen von Anfang an vorhanden gewesen sein?

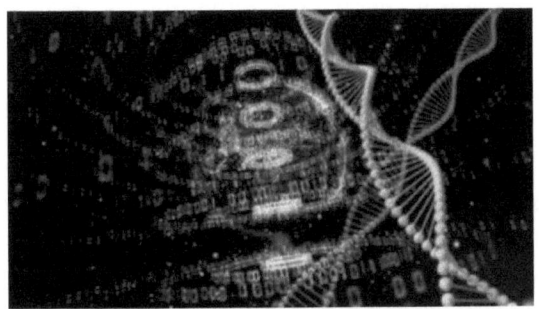

TU Münchenhttp://www.get.med.tum.de/aktuelles-0

E T H I K

Ethik ist, wenn die Gedanken, Handlungen und Taten eines Menschen oder einer Gruppe von Menschen sich auf das größtmögliche Wohl aller global existierenden Individuen sowie deren Lebensräume ausrichten.

Der „Erfolg der Lebensform Mensch" ist abhängig vom Einhalten ethischer Maximen, will man sich über das rein Animalische hinaus entwickeln.

Naturgesetze gestalten und erhalten Existenzen und ermöglichen darüber hinaus die substanzielle Weitergabe von Existenzen, und, seit es lebendige Existenzen gibt, gilt
dies auch für alles Lebendige - auch für den Menschen - zum bestmöglichen Überleben aller Individuen.

Ein ethischer Grundsatz lautet nach Immanuel Kant:

„Handle nur nach derjenigen Maxime, durch die du zugleich wollen kannst, dass sie ein allgemeines Gesetz werde"

und ist als kategorischer Imperativ bekannt.

Damit werden die Normen und Maximen einer Lebensführung formuliert, die sich aus der Verantwortung für das Ganze ergibt.

Albert Schweitzer[132], hat die Wertigkeit der Ethik m.E. optimal in den folgenden Sätzen ausgedrückt:

Was ist das charakteristische der Ethik, der Ehrfurcht vor dem Leben?
Sie ist zunächst vernunftgemäß. Sobald der Mensch den Weg des Denkens wirklich zu Ende zu gehen wagt, kann er nicht anders, als eine Verantwortung gegen alles Lebendige, das in seinen Bereich tritt, anzuerkennen und Leben erhalten und fördern als Gut und Leben vernichten und Schädigen als schlecht zu empfinden.
Das Zweite charakteristische dieser Ethik ist, dass sie absolut ist.
Sie fragt nicht, ob die Durchführung der Ehrfurcht vor dem Leben durchaus möglich ist, sondern sie gebietet einfach. Sie ist aber effektiv absolut, nicht nur durch die Art, in der sie gebietet, sondern durch das, was sie gebietet.
Das Dritte charakteristische dieser Ethik ist, dass sie universalistisch ist.
Sie ist nicht nur grenzenlos in der Verantwortung, die sie dem Menschen auferlegt, sondern auch ihrem Gebiete nach.
Sie ist nicht nur mit dem Verhältnis des Menschen zur menschlichen Gesellschaft beschäftigt, sondern mit seinem Verhalten zu allen lebendigen Wesen.
Albert Schweitzer (1875-1965)in „Die Ehrfurcht vor dem Leben", beck'sche Reihe

Daraus entwickelte sich die Moral, die mit der Ethik zwar eng verbunden, aber damit nicht verwechselt werden darf.

MORAL

Unter Moral versteht man ein geschichtlich und gesellschaftlich entwickeltes System von sittlichen Grundsätzen, Normen und Werten, die Menschen als Richtschnur für ihr gegenseitiges, einvernehmliches Verhalten in ihren jeweiligen Regionen festgelegt haben. Die moralischen Vorstellungen können zeitlich und räumlich gegensätzlich sein.
Daraus folgt für die menschliche Gesellschaft ein weiteres soziales Element:

RECHT

dass die moralischen Vorstellungen innerhalb einer bestimmten Kultur meist staatlich gelenkt regelt und moralisches Fehlverhalten von Individuen sanktioniert = bestraft.
Während Ethik vergleichbar wie Naturgesetze, unabänderliche Normen und Maximen beinhalten, die dem Menschen, ohne dass er darüber nachdenken müsste, in seiner Existenz mitgegeben sind - ich nenne es Gewissen -, handelt es sich bei Moral und Recht um von den Menschen festgelegte Regeln, an die sich Menschen in unterschiedlichen territorialen Bereichen an unterschiedliche Rechts- und Moralvorstellungen zu halten haben, wollen sie nicht wegen Verstößen dagegen bestraft werden.

Auch wenn man davon ausgeht, dass Ethik in den Menschen angelegt ist, kann nicht davon ausgegangen werden, dass alle Menschen diese Anlage in sich problemlos erkennen und anwenden.
Aufgrund ihres (freien) Willens und der so bedingten Handlungsfreiheit handeln viele nicht ihrem Gewissen nach, sondern affektiv. So umarmen sie z. B. jemand spontan aus Freude über ein Wiedersehen nach längerer Zeit.

Andererseits lassen sich Menschen im Zorn zu den unmöglichsten Handlungen nur deshalb hinreißen, weil ihnen ein anderer Autofahrer einen der begehrten Parkplätze weggeschnappt hat.
Es gibt Menschen, die andere Menschen wegen ihrer Hautfarbe, ihrer Religionszugehörigkeit oder nur deshalb, weil sie einer anderen sozialen Gruppe als der eigenen zugehörig sind, hassen und fügen ihnen Schaden zu, was bis zum politischen oder religiös begründeten Mord gehen kann.

Solche Handlungen finden oft ohne Kontrolle durch den eigenen Willen oder in einem eingeschränkten Bewusstseinszustand statt: Wenn Psychologen zum Stichwort >Gefühl und vegetative Organfunktion< oder bei >ethischen Konsequenzen< vom *„Dualismus von Körper und Seele"* sprechen, beschreiben sie die unterschiedlichen Reaktionen von Materie und Energie im Menschen, die sich als > Gefühle < niedergeschlagen haben und im Normalfall die Handlungen zwar beeinflussen, aber nicht affektiv auslösen sollten, – denke ich.

Wenn **alles** in der Singularität angelegt ist und Gesetzmäßigkeiten und Zufall die Evolution des Seins bestimmen, dann wird das Sein vom Zusammenwirken dieser Kräfte beherrscht.
Man muss sich der Bedeutung dieser Aussage bewusst werden.
Dieses Universum funktioniert auf der Basis von Gesetzmäßigkeiten UND des Zufalls – auch wir Menschen!

Die Entstehung des Universums können wir derzeit bestenfalls erforschen und hoffen, irgendwann mehr, vielleicht irgendwann alles zu verstehen.
Wie die Erde entstanden ist, wissen wir heute bereits zu großen Teilen und erweitern unsere Kenntnisse der Ursachen tagtäglich.
Die Komplexität des Systems, in dem wir leben, wird klarer und wir erkennen die Abhängigkeiten der Lebewesen von diesem fein aufeinander abgestimmten System, aber auch die Abhängigkeiten untereinander.
Die Beobachtung des Raumes, des Weltalls, hat uns aus dem Mittelpunkt der Evolution an den Rand gerückt und gleichzeitig

erkennen lassen, dass die Gesetzmäßigkeiten des Kosmos unsere Existenz erst möglich machen.

Mystiker haben auf ihre Weise schon vor tausenden von Jahren diese Gesetzmäßigkeiten und Regeln mehr erahnt als konkret erkannt und ihre Erkenntnisse in Sätzen wie:

„Wie oben, so unten; Wie unten, so oben"

niedergeschrieben.

Und wenn es weiter heißt:

„Nichts ruht; alles bewegt sich; alles schwingt."

deckt sich das mit heute gemachten Beobachtungen.

Schließlich besagt das >Prinzip der Polarität<:

„Alles ist zweifach, alles sind Pole, alles hat zwei Gegensätze; Gleich und Ungleich ist dasselbe. Gegensätze sind ihrer Natur nach identisch, nur im Grad verschieden.[133]

Erinnern wir uns an das von Stephan Hawking gewählte Beispiel des Mannes, der einen Hügel aufwirft und dabei gleichzeitig ein Loch = negative Energie produziert. Sprechen wir hier nicht über die gleichen Dinge?

Fassen wir alles zusammen, ergibt sich:

Das Sein entstand aus der Singularität,
die Singularität ist Energie.
Energie ist die Grundlage aller Materie,
Materie evolvierte zu Leben,
das Leben beinhaltet Materie und Energie (Geist).

DEIN Geist befähigt dich zu Entscheidungen,
DEINE Entscheidungen bestimmen DEIN Schicksal,
DU allein bist verantwortlich für DEIN Schicksal.

DEINE Entscheidungen bestimmen DEIN Leben,
nicht etwa unbekannte Kräfte oder Götter.

DU bist ein Teil der Singularität,
DU kehrst in die Singularität zurück.

Sei dir als Teil der Singularität bewusst –

<u>DU</u> bist G O T T !

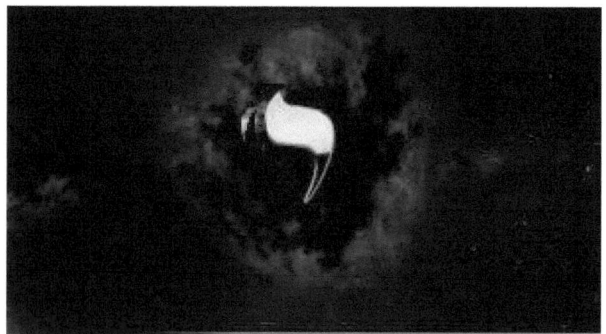

KONSEQUENZEN!

Die Frage, wer oder was GOTT ist oder sein könnte, wird dem Menschen vielleicht nie wirklich beantwortet.

Selbst die Naturwissenschaften, die sich mit der Entstehung des Universums beschäftigen, können bestenfalls erklären und beschreiben, was, wann und wie entstanden ist – aber den Grund, warum das Universum, so wie es ist, warum es existiert, nicht erklären oder beantworten.

Diese Frage stellt sich der Wissenschaft im Übrigen auch nicht.

Wenn die Singularität – das NICHTS – schon immer vorhanden gewesen ist und daraus das Universum, die Welt entstand, wird uns die Frage WARUM vermutlich nie beantwortet werden.

Alles stammt aus der Singularität, – alle Energie und alle Materie, und wir sind den Gesetzmäßigkeiten des Universums wie alles Seiende unterworfen.

Wir unterscheiden uns von der Energie und der Materie durch unser Bewusstsein, das uns in die Lage versetzt, Entscheidungen zu treffen, die entweder allem dient oder schadet und wir wissen, dass manche Ereignisse Zufälle, nicht steuer- oder erklärbar sind und wir nur durch unsere Entscheidungen auf diese Zufälle reagieren können.

Unser Bewusstsein gibt uns jederzeit die Möglichkeit, uns für oder gegen die Regeln des Seins zu entscheiden – niemand sonst tut das für jeden Einzelnen von uns.

Was muss uns bei unseren Entscheidungen leiten?

Ist es der Wunsch nach materiellem Besitz und Erfolg?
Ist es das Bestreben, Macht über andere auszuüben?
Ist es die Sorge für eigene Handlungen bestraft zu werden?

Materieller Besitz geht verloren, spätestens wenn wir sterben. Auch das Beherrschen anderer, selbst ganzer Völker durch Einzelne, endet mit dem Tod.

Muss ich mich wegen der Beurteilung meines geführten Lebens fürchten?

Nein, weil ich es selbst bin, der an den Ort des Ursprungs zurückkehrt und ich selbst bewerte das, was mein Leben ausmacht.

Gibt es eine zufriedenstellende Antwort darauf, was Menschen in ihrem Leben leiten kann und leiten sollte?

Ich denke JA!

Es ist die ***bedingungslose***

©Jutta Remy

zu allem Sein, d. h. zu den Menschen, der Natur und aller Schöpfung. Bedingungslos lieben heißt: g ö t t l i c h zu sein.

Bedingungslos = göttlich lieben, wie funktioniert das?

„Es gibt einen Mann mit hochrotem Kopf. Er hat noch nie den Duft einer Blume gerochen. Er hat noch niemals einen Stern betrachtet. Er hat noch niemals jemanden geliebt. Nie hat er etwas anderes getan, als Zahlen zu addieren. Und den ganzen Tag wiederholt er, so wie du: Ich bin ein ernst zu nehmender Mann! Ich bin ein wichtiger Mann! Und damit brüstet er sich voller Hochmut.
Aber er ist gar kein Mann, er ist ein Pilz." –
"Ein was bitte?"
"Ein Pilz!"
Der Kleine Prinz, Kap. VII

Diese etwas skurrile Episode aus „Der Kleine Prinz" beschreibt, was wir Menschen zu oft tun:

Wir kümmern uns ausschließlich um die Dinge, die gezählt, gewogen und bewertet werden und vergessen dabei zu lieben.
Damit meine ich nicht die Partnerliebe zu Partner/In, die in den modernen Gesellschaften zu oft institutionalisiert wurde und als romantische Liebe häufig zu etwas stilisiert wird, was Menschen nicht immer ein ganzes Leben lang aufrecht- erhalten können.

Auch nicht die familiäre Liebe, also Eltern- und Kindesliebe, die im Familienverbund von erheblicher Bedeutung sind, aber in ebenso große Auseinandersetzungen und sogar in Hass umschlagen können, obwohl und gerade diese Liebe in Zeiten der Individualisierung der Menschen so wichtig ist und die Familien verbinden sollte.

Selbst die Nächstenliebe, die Menschlichkeit, die gegenüber jedem Fremden und vor allem jedem Notleidenden entgegengebracht werden sollte, beschränkt sich bei einigen auf die alljährliche Spende bei „Brot für die Welt" oder anderen vergleichbaren, Organisationen, die zudem oft nur als Steuerentlastungsgrund missbraucht werden. Angriffe auf hilf- und wehrlose werden zu oft tatenlos hingenommen und achselzuckend als eine Gesellschaftsentwicklung bedauert.

Gottesliebe als Liebe zu einem bestimmten GOTT, ist vielen modernen Menschen unbekannt. Entweder, weil sie sich darüber nie Gedanken gemacht haben, oder weil sie nicht an einen GOTT, einen bestimmten GOTT, glauben; glauben wollen oder können.

Hoch im Kurs steht die sog. „Objektliebe", d. h. die Wichtigkeit der Dinge, die man zählen, wiegen, messen und präsentieren kann – siehe das Beispiel aus dem „Kleinen Prinz".

Ein Bankinstitut hat dieses Denken mit dem Werbespot *„Mein Auto, mein Haus, mein Boot!"* mit der Aufforderung, materielle Güter (Geld) Ertrags-versprechend anzulegen, eindrucksvoll dargestellt.

Aus diesem Grund ist die Selbstliebe zur Selbstsucht dem Egoismus, mutiert, wie Erich Fromm (Philosoph 1900-1980) in seinem Buch „Die Kunst des Liebens" als drohende Gefahr für die Gesellschaft dargestellt hat und die heute ein nicht mehr zu übersehender Bestandteil unserer Gesellschaft geworden ist.

Die Liebe, eine allumfassende und b e d i n g u n g s l o s e Liebe zu ALLEM SEIN, die an keinerlei Bedingungen geknüpft ist, könnte die Antwort auf die Fragen, die die Zukunft der Menschheit betreffen, sein.

Allumfassend bedeutet für alles SEIN.

Menschen und die Natur so zu achten und zu pflegen, dass die Zwecke der Natur erfüllt und nicht durch den Menschen missbraucht werden.

Der Klimawandel ist eine Reaktion der Natur auf das Verhalten der Menschheit, die den Planeten endlich als einen Teil dessen begreifen muss, dem sie selbst angehört.

Will die Menschheit ihrem Suizid entgehen, ist es notwendig mit den Menschen und diesem Planeten liebevoll umzugehen.
Die Aussicht auf eine „Ersatzerde" existiert nicht und sollte es eine geben – dort gelten, wie überall im Universum, die gleichen Regeln.

Das beginnt mit einer sinnvollen Ernährung, die nicht alles jederzeit und in jeder Menge verfügbar macht und so Böden, Luft und Wasser mit all seinen Inhalten so ausbeutet, dass natürliche Nahrungsketten nicht nur unterbrochen, sondern vernichtet werden.

Dazu gehört auch der Respekt vor dem Leben aller Wesen, nicht nur der Menschen, sondern auch der Tiere, vor allem der Tiere, die wir als Nahrungsmöglichkeit nutzen.

Respekt bedeutet, die Meere nicht ungebremst leer zu fischen und beim Fischen nach einer Art rücksichtslos den sog. Beifang als Abfall zu behandeln, was neben dem „Überfischen" das ökologische Gleichgewicht des Lebensraumes Meer zerstört.
Respekt heißt auch, Nutztiere nicht in Massen und nicht artgerecht zu züchten, zu halten und zur Vermeidung von Verlusten mittels Medikamenten so zu dopen, dass die gewünschten Quantitäten bei immer geringerer Qualität den wirtschaftlichen Ertrag sichern.

Bedingungslos lieben hieße in diesem Fall, unseren Planeten nicht unseren ungebremsten Bedürfnissen zu unterwerfen, sondern ohne Vorbedingungen alles zu tun, das Leben auf unserem Planeten zu lieben, um es dadurch zu erhalten.

Der englische Physiker und Schriftsteller Robert Lomas sagte u. a. :
Unserem vergänglichen Körper......wohnt ein vitales und unsterbliches Prinzip inne. Das erfüllt uns mit dem heiligen Vertrauen, dass der Herr über das Leben uns die Kraft verleihen wird, den König der Schrecken mit den Füßen zu zertrampeln und den Blick zum hellen Morgenstern zu erheben, dessen Aufgang Frieden und Erlösung für die treuen und folgsamen Mitglieder des Menschengeschlechts bringt.

Ja, dieses vitale und unsterbliche Prinzip erkenne ich in mir, wie in jedem anderen Lebewesen und jedem Menschen, weil wir alle von gleicher Herkunft und aus der gleichen Ursache entstanden sind.

Die Natur ist die Kraft, die Leben erst möglich macht, bestimmt durch die seit Entstehung dieses Universums geltenden Gesetze und die unser Leben durchziehenden Zufälle.

Einen „König der Schrecken" sehe ich in mir in jedem Menschen, der durch seine persönlichen, von seinem freien Willen geprägten Entscheidungen, die sich auf das jeweilige Leben positiv oder negativ auswirken können handelt. Niemand anderes als ich selbst kann für diese meine Entscheidungen >haftbar gemacht< werden; der Rest geschieht nach den Naturgesetzen oder zufällig. Die Erkenntnis dessen verhindert – hoffentlich – die Beherrschung meines und das Leben von Vielen, durch den Egoismus, weil Friede und Erlösung vom Negativen nur durch die Liebe in mir, die in und für die Welt wirkt, erreicht werden kann.

Warum dieses Universum entstanden ist, diese Frage wird vermutlich für immer unbeantwortet bleiben. Die Aufgabe und die Möglichkeiten des menschlichen Geistes der Wissenschaft müssen sich darauf beschränken zu ergründen, **wie** die Welt, das Universum, alles Seiende entstanden ist.

Es gelingt immer mehr zu erkennen, zu begreifen, wie das System dieses Universum funktioniert, wie alles mit allem zusammenhängt und welche Wechselwirkungen vorliegen.

Unbeantwortet bleiben wird höchstwahrscheinlich die Frage bleiben, **Wer** das Ganze initiiert hat.

Nach meiner persönlichen Überzeugung ist kein *personaler* GOTT Verursacher der Schöpfung. Gäbe es einen personalen Schöpfer, so wie ihn Theologen seit Jahrhunderten beschreiben, könnte die Welt perfekt sein, aber die Menschen wären dabei lediglich ‚willen- und schuldlose Statisten' im inszenierten Spiel eines mächtigen Regisseurs. Die Welt ist aber mathematisch-logisch-konsequent und es passiert nichts, was nicht logisch ist – mit Ausnahme der Zufälle oder als Folge menschlich willkürlichen Handelns.

Das, was viele ‚GOTT' nennen, ist für mich das Prinzip, nach dem alles im Universum funktioniert.

Das Universum ist exakt mathematisch-logisch beschaffen und dieses **Prinzip** verhindert alles „Übernatürliche",macht „Wunder" unmöglich, bleibt in vielem ‚unerklärlich'.

Vieles konnten Menschen bereits in der Vergangenheit mehr und mehr erforschen und erklären – und so wird es wohl auch in der Zukunft sein – wir werden immer mehr erfahren und lernen – bis auf die Identifizierung des Prinzips.

Deshalb:

DU bist es, der über die Gestaltung deines Lebens in der Welt entscheidet – niemand anderes!
Sei dir dessen stets bewusst.
Wir, du und ich gestalten gemeinsam die Welt und in diesem Sinne solltest du nicht vergessen:

Der kleine blaue Punkt im Weltall

Auch wenn manche befürchten, die Menschheit wäre nicht der Mittelpunkt allen Seins, sollten die Menschen nicht vergessen, was Carl Sagan in den 90er Jahren des letzten Jahrhunderts erkannt und in seinem Buch
„The Blue Pal Dot beschrieben hat:

Blassblauer Punkt im All. Unsere Heimat im Universum.

Von diesem entfernten Aussichtspunkt aus erscheint die Erde nicht von besonderer Bedeutung. Aber für uns ist es anders. Betrachte diesen Punkt.

Das ist hier.   **Das ist unsere Heimat.**   **Das sind wir.**

Auf diesem Punkt befindet sich jeder, den Du liebst, jeder, den Du kennst, jeder, von dem Du jemals gehört hast.

Die Erde ist eine winzig kleine Bühne in einer riesigen kosmischen Arena. Bedenke die Ströme aus Blut, vergossen von Generälen und Herrschern, damit sie ehr- und ruhmreich, für einen Moment Herr eines kleinen Bruchteils eines Punktes werden konnten.

Bedenke die endlosen Grausamkeiten, die den Bewohnern einer Seite von den kaum zu unterscheidenden Bewohnern einer anderen Seite dieses Pixels angetan wurden, wie zahlreich ihre Missverständnisse sind, wie eifrig sie sich gegenseitig töten, wie glühend ihr Hass sein kann.

Für mich unterstreicht es unsere Verantwortun,g freundlicher
miteinander umzugehen und diesen kleinen blauen Punkt zu schützen
und zu bewahren – das einzige Zuhause, das wir jemals hatten.
Carl Sagan, Physiker (1934-1996)

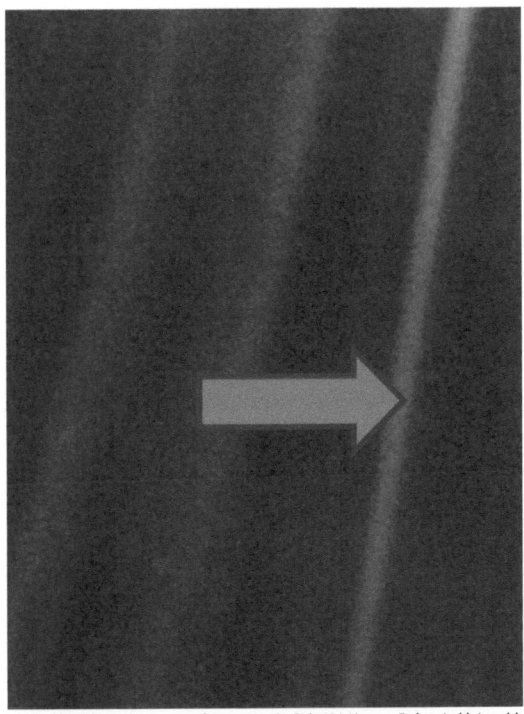

Voyager 1 - http://visibleearth.nasa.gov/view_rec.php?id=601 Unsere Erde, ein kleiner blauer Punkt
im All.   Blue Dot, dies ist der Name eines Fotos unserer Erde. Entstanden ist diese Aufnahme, am 14.
Februar 1990. Aufgenommen wurde es von der Raumsonde Voyager 1 aus einer Entfernung von etwa
6,4 Milliarden Kilometern, der größten Distanz, aus der jemals ein Foto der Erde gemacht wurde.

Auf diesem „kleinen blauen Punkt im Weltall" wird der Verfall der
Werte beklagt.
Die Religionen, die bis zur Aufklärung den Menschen Richtungen
aufgezeigt haben, sind für einen ständig größer werdenden Teil der
Menschheit längst keine Wegweiser mehr. Sie verfügen häufig über
die gleichen Wurzeln, trotzdem versuchen die meisten
Religionsgemeinschaften ihren absolutistischen Weg den Menschen

als den einzig wahren zu verkaufen.

Man bedient sich – immer noch – der Mittel wechselseitiger „Verteufelung" und legitimiert damit Gewalt gegen Menschen und Sachen.

Wirtschaftliche oder politische Ideologien bedienen sich der gleichen Instrumentarien und polarisieren die Welt damit zusätzlich.

Wer wird dem Auftrag und der Verantwortung, mit diesem Planeten und den darauf lebenden Menschen freundlich umzugehen gerecht, – ohne zu indoktrinieren?

Wäre es nicht vernünftig, nach einem System zu arbeiten, dass alle Menschen ungeachtet ihrer persönlichen Orientierungen anerkennt? Ein System, das Menschen unabhängig von Hautfarbe, Religionszugehörigkeit, politischer Haltung oder sexueller Präferenzen gleichwertig akzeptiert?

Es mag eine Utopie sein, sich dies zu wünschen.

Aber viele große Ideen in dieser Welt begannen als Utopien einiger, die man zunächst nur für Träumer hielt.

Ich bin stolz darauf, so ein „Träumer" zu sein, den John Lennon einst besungen hat:

IMAGINE von John Lennon

Imagine, there's no heaven	Stell dir vor es gibt den Himmel nicht,
It's easy, if you try .	Es ist ganz einfach, . . wenn du's nur versuchst
No hell below us .	Keine Hölle unter . uns
Above us only sky .	über uns nur das Firmament
Imagine all the people … …	Stell dir all die Menschen vor,
Living for today	leben nur für diesen Tag.
Imagine there's no countries ……..	Stell dir vor es gäbe keine Länder
It isn't hard to do .	Das ist nicht so . . .. schwer
Nothing to kill or die for …….. …..	Nichts, wofür es sich zu ….. töten oder zu sterben lohnt
And no Religion to	und auch keine Religion
Imagine all the people	stell dir vor, all die Leute
Living Life in peace	leben ihr Leben in Frieden

You may say I'm a dreamer
....

Vielleicht sagst du ich
bin ein Träumer

But I'm not the only one
....

Aber ich bin nicht der
Einzige

I hope someday you'll join us
.....
....

Ich hoffe du wirst
eines Tages einer von
uns sein

And the world will be as one
....

Und die ganze Welt wird
Eins sein

Imagine, no possession
....

Stell dir vor, es gäbe
keinen Besitz mehr

I wonder, if you can
....

Ich frag' mich, ob du das
kannst

No need for greed or hunger
....

Keinen Grund für Habgier
oder Hunger

A brotherhood of man
......

Eine Bruderschaft der
Menschlichkeit

Imagine all the peoples
Sharing all the world
....

Stell dir all die Leute vor
teilten sich die Welt
einfach so

You may say I'm a dreamer
......

Vielleicht sagst du ich
bin ein Träumer

But I'm not the only one
....

Aber ich bin nicht der ....
Einzige

I hope someday you'll join us

Ich hoffe du wirst eines Tages einer von uns
sein

And the world will be as one

Und die ganze Welt wird Eins
sein

1.

"FÜR MICH STELLEN LIEBE UND MITGEFÜHL EINE ALLGEMEINE, EINE UNIVERSELLE RELIGION DAR.

MAN BRAUCHT DAFÜR KEINE TEMPEL UND KEINE KIRCHE, JA NICHT EINMAL UNBEDINGT EINEN GLAUBEN,

WENN MAN EINFACH NUR VERSUCHT, EIN MENSCHLICHES WESEN ZU SEIN,

MIT EINEM WARMEN HERZEN UND EINEM LÄCHELN, DAS GENÜGT."

DALAI LAMA

Hinweis vom Autor dieses Buches:

Sicher ist der Titel „Du bist Gott" für einige „Gläubige" eine Provokation für mich aber das Ergebnis langer Überlegungen über die Fragen zum Leben im Allgemeinen und meinem persönlichen Leben im Besonderen.

Ich erkenne das Prinzip, das die Ursache für alles Sein ist an, bin aber der Überzeugung, dass kein strafendes, sondern ein liebendes Prinzip die Ursache für ALLES ist, was ich in der Schönheit der Natur zu erkennen denke.

Schauen sie sich eine Sonnenblume an und sie erkennen die liebevoll gestaltete Schönheit. Betrachtet man die überwältigenden Bilder, die uns das Hubble-Teleskop liefert, ist die Schönheit in der Symmetrie des Weltalls zu erkennen.

Dieses Buch ist MEIN Versuch naturwissenschaftliche Erkenntnisse – die sich tagtäglich erweitern – mit dem liebevollen Empfinden des Respektes vor aller Schöpfung zu verbinden, ohne die dogmatischen Vorstellungen mancher Religionsgruppen zu übernehmen oder anzugreifen. Es wäre schön, wenn mir das gelingt und es für Menschen Anstoß zum Nachdenken über das eigene Handeln in der Welt sein könnte, damit der so oft beklagte Werteverlust ein wenig gestoppt wird. Idealerweise könnte ein Umdenken stattfinden und menschlicheres Handeln eines jeden, diesen Planeten vielleicht in eine bessere, liebevollere Welt umgestalten. Vielleicht bin ich ein Träumer, aber ich hoffe, dass diese Gedanken bei und in anderen Resonanz findet. Mir ist auch klar, dass ich mit diesem Buch nicht nur Zustimmung finden werde, sondern heftige Kritik provoziere – vor allem von Gläubigen der verschiedenen (kirchlichen) Gemeinschaften und den in ihrem Glauben fundamental festgelegten Menschen.

Betrachten Sie meine Erkenntnissuche als ein Angebot für einen sachlichen Dialog, den wir nach der Lektüre dieses Buches gemeinsam miteinander führen können.

Vielleicht lernen wir etwas Neues, das uns sonst verschlossen geblieben wäre.

Ich freue mich auf Kommentare und Diskussionsbeiträge.

Sie erreichen mich hier: mail@werner-kraftsik.de

Quellennachweis:

1. Die Yoruba sind ein westafrikanisches Volk, das vor allem im Südwesten Nigerias lebt. Sie leben hauptsächlich in den südwestlichen Bundesstaaten Oya, Orgun, Lagos, Ondo, Osun, Ekiti und Kwara, aber auch in den Nachbarstaaten Benin, Ghana und Togo.

2. Pierre Fatumbi Verger Orixás. Yoruba Götter in Afrika und der neuen Welt. Corrupio, Sao Paulo, 1981, S. 19

3. Als Edda werden verschiedene, in altisländischer Sprache verfasste literarische Werke bezeichnet, die im 13. Jahrhundert im christianisierten Island niedergeschrieben wurden. Sie beinhalten skandinavoische Götter- und Heldensagen.

4. Midgard ist eine germanische Bezeichnung für die Welt oder die Erde. Midgard, wörtlich „Mittelhof" oder „Mittelgarten", meint dabei genau genommen den Wohnort der Menschen in der Mitte der Welt. Die Götter (Asen) leben in Asgard.

5. Der Darwin-Code: Die Evolution erklärt unser Leben Thomas Junker, Sabine Paul, C.H.Beck – 2009

6. Venus von Tan-Tan José-Manuel Benito – 300.000 Jahre, das älteste bekannte Kunstwerk der Menschheit (Homo erectus), ein religiöser Bezug ist allerdings reine Spekulation.

7. Quelle: Meyers Großes Konversations-Lexikon, Band 9. Leipzig 1907, S. 74-75.

8. Höhlenmalerei aus Lascaux, ist als historisches Denkmal (Monument historique) klassifiziert. Es ist in der Base Mérimée, einer Datenbank des französischen Kulturministeriums über das architektonische Erbe Frankreichs, aufgeführt, unter der Angabe PA00082696,gemeinfrei

9. Die Newiim sind die Schriften der 15 Propheten im Judentum. Zusammen bilden sie den zweiten Teil des Tanach. Die Propheten hatten verschiedene Aufgaben. In erster Linie sollten

sie alle Menschen immer daran erinnern, sich fair, hilfsbereit und mitmenschlich zu verhalten. Wenn jemand ungerecht handelte, kündigten sie Strafen an, die Mose in der Thora genannt hatte. Das galt auch für Menschen und Völker, die keine Juden waren. Die Propheten sprachen aber auch Gottes Erbarmen aus, wenn die Menschen ihre Fehler bereuten und Überlieferung bei Gott „ein gutes Wort" für die Menschen ein, um Unheil vom Volk Israel fernzuhalten.

10. Die Ketuvim-Schriften bilden den dritten Hauptteil des Tanach. Dazu zählen elf Bücher: die drei Bücher der Wahrheit, die poetischen Bücher Psalmen, und Sprüche, die fünf des Hohelied, die Klagelieder und das Buch Ester die übrigen Bücher Daniel (ein Buch), sowie die Chronik (ein Buch).

11. Juden, Christen und Muslime betrachten Abraham (Ibrahim), als ihren geistigen Stammvater – den „Vater des Glaubens". Er ist in spirituellem Sinne der Urahn von Judentum, Christentum und Islam,   (somit der Juden), ja er gilt sogar als Stammvater der Hebräer
und der Araber – und Mose, Jesus wie auch Muhammad werden als seine leiblichen Nachkommen angesehen
Die Bezeichnung „abrahamisch" oder „abrahamitisch" betont somit die Zusammengehörigkeit der drei genannten Religionen, während bei den Sikhs, Hindus und Buddhisten Abraham keine Rolle spielt.

12. Der Gottesname erscheint im Tanach immer als selbständiges ergeben von rechts nach links gelesen das Tetragramm יהוה „JHWH". Nach älteren Bibelwörterbüchern erscheint es im Tanach 6823-mal. Da dieser im Tanach nie mit anderen Namen kombiniert ist, gilt er als der eigentliche Gottesname.

13. Erzbischof Piaton, Kostroma Ratschläge für ein gottgefälliges Leben. Entnommen aus den "Anweisungen für den Priester beim Vollzug des Bußsakramentes"

14. In der Mythologie der Māori spielt das göttliche Elternpaar Rangi und Papa (Himmel und Erde) eine wesentliche Rolle, von

denen weitere Götter und Nachfahren abstammen, die wiederum alle Lebewesen hervorbrachten und die für Wälder, das Meer, Vögel, Fische usw. zuständig sind.

Quelle:
https://de.wikipedia.org/wiki/Mythologie_der_M%C4%81ori#Di e_wesentlichen_M%C4%81ori-Mythen

15. Siddhartha Gautama; laut der langen Chronologie * 563 v. Chr.+ 483 v. Chr. lehrte als Buddha (wörtlich der Erwachte) den
Buddhismus. Er wird im Allgemeinen als „der historische Dharma (die Lehre) und als solcher der Begründer des Buddha" bezeichnet.

16. Maria: Maria von Nazareth ist die im Neuen Testament genannte Mutter Jesu. Sie lebte mit ihrem Mann Josef und weiteren Angehörigen in dem Dorf Nazareth in Galiläa. Maria wird im Christentum als Mutter Jesu Christi besonders verehrt und ist auch im Koran als jungfräuliche Mutter Jesu erwähnt.

17. Tritheismus bezeichnet einen Drei-Götter-Glauben. Der Begriff dient zunächst innerchristlich der Kritik an einer Trinitätstheologie, welche die Dreiheit Gottes höher gewichtet als seine Einheit. Andererseits bezeichnet Tritheismus auch die generelle Kritik der Trinitätslehre. Die Kritik im Koran bezieht sich auf eine Spezialform der Trinität, eine Art Familie aus Gott Vater, Jesus Christus (Sohn) und Maria (Mutter), die in dieser Form heute nicht vertreten wird.

18. Abrahamitische, abrahamische oder Abrahamsreligionen ist in manchen islamwissenschaftlichen Studien und im interreligiösen Dialog die Bezeichnung für jene monotheistischen Religionen, die sich auf Abraham, den Stammvater der Israeliten nach der Thora (Gen 12,1–3 EU), bzw. auf den Ibrahim des Koran und seinen Gott beziehen. Abraham ist für die drei großen Weltreligionen eine Vaterfigur und ein bedeutsamer Ausgangspunkt, wenn auch je auf eigene Weise

19. Aristoteles * 384 v. Chr. † 322 v. Chr. war ein griechischer Universalgelehrter. Er gehört zu den bekanntesten und

einflussreichsten Philosophen und Naturforschern der Geschichte. Sein Lehrer war Platon, doch hat Aristoteles zahlreiche Disziplinen entweder selbst begründet oder maßgeblich beeinflusst, darunter Wissenschaftstheorie, Naturphilosophie, Logik, Biologie, Physik, Ethik, Staatstheorie und Dichtungstheorie. Aus seinem Gedankengut entwickelte sich der Aristotelismus.

20. Platon, Plato; * 428/427 v. Chr., † 348/347 v. Chr. war ein antiker griechischer Philosoph. Er war Schüler des Sokrates, dessen Denken und Methode er in vielen seiner Werke schilderte. Die Vielseitigkeit seiner Begabungen und die Originalität seiner wegweisenden Leistungen als Denker und Schriftsteller machten Platon zu einer der bekanntesten und einflussreichsten Persönlichkeiten der Geistesgeschichte. In der Metaphysik und Erkenntnistheorie, in der Ethik, Anthropologie, setzte er Maßstäbe auch für diejenigen, die ihm – wie sein Schüler Aristoteles – in zentralen Fragen widersprachen.

21. Als Demiurgen wurden im antiken Griechenland spezialisierte Berufstätige bezeichnet. Später wurde der Ausdruck in Platonismus im übertragenen Sinn als göttlicher „Anfertiger" verstanden, das schöpferische Prinzip „Gott" als Baumeister des Kosmos. Aristoteles definiert seine Auffassung des Demiurgen als unbewegten Beweger. In modernen religionswissenschaftlichen und philosophiegeschichtlichen Texten wird als Demiurg ein Schöpfergott bezeichnet, der nicht mit dem obersten Prinzip identischer, sondern niedrigerer Rang ist. Der Begriff wird bei der Beschreibung von religiösen oder philosophischen Systemen verwendet, in denen außer der höchsten Gottheit, die nicht unmittelbar an der Erschaffung der Welt beteiligt ist, ein Weltschöpfer vorkommt.

22. Ometecuhtli, aztekische Gottheit, «Herr der Dualität» oder Herr des Lebens, der einen Aspekt der kosmischen Dualität der aztekischen Tradition darstellte. Mit seiner Frau Omecíhuatl «Dame der Dualität» residierte Ometecuhtli im Omeyocan oder

«Doppel-Himmel», dem 13. und höchsten Himmel der Azteken. Die gegensätzlichen Faktoren im aztekischen Universum waren Mann und Frau, Licht und Dunkel, Bewegung und Stille, Ordnung und Chaos. Ometecuhtli war der einzige aztekische Gott, für den weder ein Tempel errichtet wurde, noch ein formeller Kult in seinem Namen aktiv war. Die Azteken sahen ihn als fern im Himmel und nahmen an, dass er nie direkt mit ihnen interagieren würde, aber sie waren sich seiner Gegenwart in jedem Ritual und in jedem Rhythmus der Natur bewusst.

23. Baiame ist eine Figur der Schöpfungsgeschichte der Aborigines, der Traumzeit. Das Schöpfungswesen Baiame ist ein universelles Wesen, das alle materiellen Stoffe und den Geist schafft und durchdringt. Er ist ein männliches Wesen, der Schöpfer der Erde und des Himmels. Die christlichen Missionare haben dieses Schöpfungswesen meist im Vergleich mit ihrem Gott bzw. Gottvater gesehen. Baiame schuf alle Gebirge, Täler, Flüsse, Seen, Pflanzen und Tiere, aber auch alle Lieder und Kultur der Aborigine. Es war nicht erlaubt über Baiame zu sprechen und Frauen durften keine Abbildungen von ihm ansehen.

24. Creatio ex nihilo (lateinisch: Schöpfung aus dem Nichts oder Schöpfung aus nichts) bezeichnet die Entstehung der Welt bzw. des Universums voraussetzungslos aus dem Nichts. Der Begriff entstand in der frühchristlichen Theologie in Auseinandersetzung mit der griechischen Philosophie. Diese setzte seit Melissos einen ewigen und ungeordneten Stoff (Chaos) voraus, da aus nichts unmöglich etwas werden kann („ex nihilo nihil fit").

25. In den Urknalltheorien „startet" die Raumzeit in einer mathematischen Singularität. In der mathematischen Anfangssingularität sind Raum und Zeit noch nicht vorhanden. In der Anfangssingularität können die uns bekannten Naturgesetze nicht gültig gewesen sein. Die Anfangssingularität war kein Schwarzes Loch. Sie hatte keinen Ereignishorizont und keinen sie umgebenden Außenraum. „Urknall" bezeichnet

keine Explosion in einem bestehenden Raum, sondern die gemeinsame Entstehung von Materie, Raum und Zeit aus einer ursprünglichen Singularität. Für die Beschreibung dieses Zustandes ist die Allgemeine Relativitätstheorie noch unzureichend; es wird jedoch erwartet, dass eine noch zu entwickelnde Theorie der Quantengravitation dies leisten wird. Daher gibt es in der heutigen Physik keine allgemein akzeptierte Beschreibung des sehr frühen Universums, des Urknalls selbst oder einer Zeit vor dem Urknall.

26. Vishnu ist eine der wichtigsten Formen des Göttlichen im Hinduismus und kommt bereits in den Veden vor. Im Vishnuismus gilt er als die Manifestation des Höchsten. Ursprünglich war er wohl ein Gott der Sonne, des Lichtes und der Wärme, der die Zeit in Bewegung setzte, das Universum durchdrang und den Raum ausmaß. Vishnu war auch der Schöpfer der Maya, der Urkraft und Wundermacht der vedischen Götter, die die Welt hervorbringt. In drei Schritten (Trivikrama), als Symbol für Aufgang, Höchststand und Untergang der Sonne, maß er als Zwergengestalt, der zu einem Riesen heranwuchs, den gesamten Raum aus, nahm alle drei Welten (Triloka) in Besitz und machte ihn für Menschen und Götter bewohnbar.

27. Brahma ist der Name eines der Hauptgötter im Hinduismus. Die weiteren Hauptgötter sind Vishnu (Bewahrung) und Shiva (Zerstörung), mit diesen beiden bildet Brahma die Trimurti. Er ist der ideelle Gott der Schöpfung, der als unbewegter Beweger dem Universellen zu seiner Bewegung verhalf. Er ist die Zeit und unterliegt dieser.

28. Brahman bezeichnet in der hinduistischen Philosophie die unveränderliche, unendliche, immanente und transzendente Realität, welche den ewigen Urgrund von allem darstellt, was ist. Die älteste Bedeutung des Wortes in den Veden ist „heiliges

Wort" oder „heilige Formel" und gewann hier die allgemeine Bedeutung einer „heiligen Kraft" an sich. Seit den Upanischaden steht das Wort Brahman für das Absolute, also das, was unwandelbar bleibt, behielt jedoch daneben seine ursprüngliche Bedeutung bei, nämlich die der „heiligen Rede".

29. Die Veden sind eine zunächst mündlich überlieferte, später schriftliche Sammlung religiöser Texte im Hinduismus. Die Begriffe „Veda" und „vedisch" werden in Indien auch im weiteren Sinne mit der Bedeutung „Wissen" verwendet und beziehen sich nicht nur auf die Tradition der vedischen Gesänge, sondern auf das religiöse und weltliche Wissen schlechthin.

30. Das Epos schildert die Geschichte Gilgameschs, eines Königs von Uruk, seine Heldentaten und Abenteuer, seine Freundschaft zu Enkidu, dessen Tod und Gilgameschs Suche nach der Unsterblichkeit. Am Ende muss der Held einsehen, dass Unsterblichkeit nur den Göttern gegeben, Leben und Sterben aber Teil der menschlichen Natur ist.

31. Gaia oder auch Gäa, ist in der griechischen Mythologie die personifizierte Erde und eine der ersten Gottheiten. Ihr Name ist indogermanischen Ursprungs und bedeutet möglicherweise die Gebärerin. Ihre Entsprechung in der römischen Mythologie ist Tellus.

32. Demeter ist in der griechischen Mythologie eine Muttergöttin aus dem griechisch-kleinasiatischen Raum. Demeter ist die Tochter der Titanen Kronos und Rhea und damit die Schwester von Hestia, Poseidon, Zeus, Hera und Hades. Demeters Hauptattribute sind die Weizenähre und der Mohn. Sie wurde auch zusammen mit Blumen, Früchten und Samen dargestellt, oft mit einer Mohnblume.

33. Varuna, „Der Allumfassende", der „Umhüller" ist einer der höchsten und am meisten verehrten indischen Gottheiten der

frühvedischen Zeit. Mit Mitra und Aryaman bildet er eine frühe vedische Triade. Er wird oft zusammen mit seinem Gegenpol und Zwillingsbruder Mitra erwähnt und angerufen. Zusammen erhalten beide den Himmel und die Erde. Sie ermutigen die Frommen und bestrafen die Bösen.

34. Mitra Gefährte, Freund) bezeichnet eine alte indische, vedische Gottheit des Vertrages und der Freundschaft sowie Hüter der kosmischen Ordnung. In vorvedischer Zeit ist Mitras Bedeutung jedoch wesentlich höher und verblasst mit der Zeit immer mehr.

35. Aryaman, Gefährte, der Fremde, der Gastliche, Gastvertrag, in der hinduistischen Mythologie wird er als vergöttlichte Personifikation der Gastlichkeit gegenüber Göttern und Menschen gedeutet. Er wird meist zusammen mit Varuna und Mitra angerufen. Mit beiden bildet er eine frühe vedische Göttertriade. In der nachvedischen Literatur erscheint er als Oberster der Pitris, den Vorfahren der Rishis, der den Weg derjenigen bewacht, die den religiösen Ritus beachten.

36. Jupiter idst der Name der obersten Gottheit der römischen Religion. Eine ältere Namensform ist Diēspiter. Er wurde oft als Iuppiter Optimus Maximus bezeichnet („bester und größter Jupiter"), in Inschriften meist abgekürzt zu IOM. Jupiter entspricht dem griechischen „Himmelsvater" Zeus.

37. Zeus ist der oberste olympische Gott der griechischen Mythologie und mächtiger als alle anderen griechischen Götter zusammen. Über ihm stand nur das personifizierte Schicksal – seine Töchter, die Moiren. Auch er hatte sich ihnen zu fügen. Zeus entspricht in der römischen Mythologie dem Jupiter.

38. Die Anunna stellen in der sumerischen Religion den göttlichen Ältestenrat dar. Die Anunna wurden zusätzlich mit dem Titel die Großen der großen Götter) belegt. Frühere Annahmen, dass es sich um eine singuläre eigenständige Gottheit handelt, sind

durch die moderne Forschung widerlegt. In der Frühzeit Sumers wurde der Begriff Anunna noch ohne die göttliche Zuweisung „DINGIR" geschrieben und bezeichnete die „Götterversammlung zur Bestimmung des Schicksals".

39. Hadad, auch Baal-Hadad („Herr des Donners") oder Hadad-Rimmon ist eine syro-phönizische Gottheit, die dem akkadischen Gott Adad entspricht. Er wurde als Vegetations-, Gewitter-, Sturm-, Wind-, Donner- und Wettergottheit verehrt.

40. Nergal ist eine Gottheit der sumerisch-akkadischen, babylonischen und assyrischen Religion und Vorbild und Bestandteil anderer Gottheiten anderer altorientalischer Völker. Nergal ist der Gott der Unterwelt Kurnugia. Nergal verkörpert die vernichtende Sonnenhitze, so dass ihm Brände und Krankheiten und Seuchen von Menschen und Vieh zugeschrieben wurden.

41. Tammuz war die babylonische Gottheit der Frühlingsfruchtbarkeit, die nach damaliger Vorstellung in den Monaten Nisan, Ijjar und Siwan regierte und zu Ende des Siwan starb: Der Name hat seine Ursprünge in den Monatsnamen des alten Babylonien, die während des Babylonischen Exils zwischen 586 v. Chr. und 536 v. Chr. von den Juden übernommen wurden.

42. Ceres ist die römische Göttin des Ackerbaus und der Fruchtbarkeit und gilt als Gesetzgeberin. Die Attribute der Ceres waren Früchte, Fackel, Schlange, Ährenkranz oder Ährengarbe sowie Ameise. Heilig waren ihr weiterhin der Mohn und das Schwein. Ceres wird mit weizenblonden, also goldblonden Haaren beschrieben, die oft lang getragen, aber auch zu Zöpfen geflochten sind. Manchmal trägt sie ein Füllhorn.

43. Ubertas; auch Uberitas ist die römische Göttin des Ertragsreichtum. Sie unterstützt die menschliche Schaffenskraft und bringt somit Vorräte und Reichtümer. Sie wurde auf römischen Münzen der Kaiserzeit als stehende Frau mit Füllhorn

in der einen und einem prallen Geldsäckchen (andere Quellen sehen es ob der ungenauen Darstellung auch als Kuheuter) in der anderen Hand dargestellt.

44. Freya, auch Freia oder Freyja, ist der Name der nordischen Wanengöttin der Liebe und der Ehe. Sie gilt als die Göttin der Fruchtbarkeit und des Frühlings, des Glücks und der Liebe, sowie als Lehrerin des Zaubers Sie ähnelt der Venus des römischen Götterhimmels und der Aphrodite des griechischen Olymp.

45. Xipe Totec ist der Vegetationsgott der Azteken und gleichzeitig Gott des Frühlings, der aufkeimenden Saat und der Jahreszeiten. Außerdem personifiziert er das notwendige Leiden und den Kampf in der Natur.

46. In der frühindischen, vedischen Religion wird Indra als der höchste, kriegerische Gott des Himmels vorgestellt, der Gott des Sturmes und des Regens, „ohne den kein Sieg möglich ist, den man im Kampfe anruft ..." (Rigveda 2,12,9 desa). Er ist der Gott der Krieger, des Kshatriya-Standes. Ebenso gilt er als Gott der Fruchtbarkeit, der Schöpfung und des Regens sowie als Götterkönig. Allgemein verkörpert er die produktiven Kräfte der Natur.

47. Marduk, war der Stadtgott von Babylon und später der Hauptgott des babylonischen Pantheons. Seine Attribute waren der Mardukdrache Mušḫuššu, oft auch als Marduktier Raum auch als Bel („Herr") bzw. Bel-Marduk bekannt. Er trägt das flammende Schwert, beaufsichtigt die Wächter und bietet Schutz bei der Ausführung göttlich auferlegter Aufgaben. In späterer, babylonischer Zeit wurde der Name und die Funktion des Asaruludu von Marduk assimiliert. Von da an war Asaruludu einer der 50 Namen des Marduk.

48. Athene oder Athena (Ehrentitel: Pallas Athene) ist eine Göttin der griechischen Mythologie. Sie ist die Göttin der Weisheit, der

Strategie und des Kampfes, der Kunst, des Handwerks und der Handarbeit sowie Schutzgöttin und Namensgeberin der griechischen Stadt Athen.

49. Mars war einer der zentralen Götter in der antiken italischen Religion, vor allem in Rom. Er wurde später als Kriegsgott mit dem griechischen Ares gleichgesetzt, unterschied sich von diesem aber durch seine größere Bedeutung und die lebhaftere kultische Verehrung; er ist neben Jupiter der wichtigste römische Gott.

50. Durga ist die wohl populärste Form der Göttin im Hinduismus, die in unterschiedlichen göttlichen Erscheinungsformen existiert, gütig und strafend. Durga ist eine Göttin der Vollkommenheit, die als Sarasvati, Lakshmi, Ambika und Ishvari sowie in anderen Formen erscheinen kann und unter anderem Kraft, Wissen, Handeln und Weisheit verkörpert. Im Tantrismus ist sie Shatki, die weibliche Urkraft/Energie des Universums. Demnach erschlug Durga im Kampf den „Büffeldämon" Mahisasur mitsamt seiner Armee, wodurch sie auch Mahishasura Mardini (Büffeldämontöterin) genannt wird.

51. Asklepios, ursprünglich vorgriechische Gottheit, ist in der griechischen und römischen Mythologie der Gott der Heilkunst. Die Schlange, die sich in den meisten Darstellungen um den Äskulapstab windet, weist ihn den chthonischen oder Erdgottheiten zu. Nach homerischer Tradition war Asklepios ein Heros und Arzt in Thessalien, der nach dem Tod seine Verehrung als Gott der Medizin erfuhr
.

52. Hathor ist eine Göttin in der ägyptischen Mythologie. In ihren Anfängen nahm sie den Rang einer Lokalgöttin ein und trat damals kuhgestaltig in Erscheinung. Später stieg Hathor zur Himmelsgöttin des Westens auf und wurde zu einer allumfassenden Muttergottheit. Sie war auch Totengöttin und Göttin der Liebe, des Friedens, der Schönheit, des Tanzes, der Kunst und der Musik.

53. Vesta war eine Göttin der altitalischen, insbesondere der römischen Religion. Sie war die keusche Hüterin des heiligen Feuers, als Göttin von Heim und Herd in ihrer Rolle vergleichbar mit der Göttin Hestia in der griechischen Religion.

54. Kali, „Die Schwarze" ist im Hinduismus eine bedeutende Göttin des Todes und der Zerstörung, aber auch der Erneuerung. In der indischen Mythologie stellt sie eine Verkörperung des Zornes der Durga dar, aus deren Stirn sie entsprungen und dann das Weltall mit ihrem schrecklichen Brüllen erfüllt haben soll. In anderen Mythen ist sie die dunkle Seite Parvatis und eine der Mahavidyas.

55. Coatlicue ist eine aztekische Götterstatue aus schwarzem Basalt, die symbolisch die Ambivalenz der primären Bindung (im Kindesalter) zwischen Intimität und Autonomie verkörpert. Die Ambivalenz zwischen Intimität und Autonomie wird insbesondere durch die Kette symbolisiert, welche die Göttin trägt. Diese besteht aus gebenden Händen und herausgerissenen Herzen (das Herausreißen der Herzen von Menschenopfern und das Entgegenstrecken der Herzen zur Sonne als Spenderin allen Lebens war ein Brauch der Azteken und wird als Ambivalenz von einerseits gebender Mutterliebe als auch andererseits zehrender Zerstörung dieser verstanden.

56. Der Timaios ist ein in Dialogform verfasstes Spätwerk des griechischen Philosophen Platon. Darin wird ein fiktives, literarisch gestaltetes Gespräch wörtlich wiedergegeben. Nach Timaios' Darstellung ist der Kosmos hauptsächlich von zwei Faktoren geprägt, der Vernunft und der Notwendigkeit. Bei der Erschaffung des Alls wollte der vernünftige, wohlwollende Schöpfergott, der Demiurg, das Bestmögliche erreichen. Dazu musste er sich mit der „Notwendigkeit" – vorgegebenen Sachzwängen – arrangieren und aus dem Chaos der bereits vorhandenen Materie Ordnung schaffen. Er bildete die Weltseele, mit der er den Kosmos zu einem lebendigen, beseelten Wesen machte. Den von ihm hervorgebrachten untergeordneten Gottheiten wies er die Aufgabe zu, den

menschlichen Körper zu erschaffen. Die unsterblichen individuellen Seelen schuf er selbst. Sie treten im Rahmen der Seelenwanderung immer wieder in neue Körper ein. Nachdrücklich weist Timaios auf die Güte des Schöpfers und die Harmonie und Schönheit der Welt hin.

57. Aristaios ist in der griechischen Mythologie der Sohn des Gottes Apollon und der Nymphe Kyrene. Er war ein ländlicher Gott der Imkerei, des Olivenanbaus, der Schafzucht und der Jagd. Er lebte eine Zeit lang Sardinien und Sizilien, wo er den Menschen Kultur brachte, daher wird er auch Kulturbringer genannt. Danach ging Aristaios nach Thrakien, wo er sich in die Nymphe Eurydike verliebte, die Frau des Sängers Orpheus. Diese floh vor seinen Nachstellungen und trat dabei versehentlich auf eine Schlange, an deren Biss sie starb.

58. Abraham volksetymologisch: „Vater der vielen [Völker][Genesis 17,4 f.] Avram „(Der) Vater ist erhaben",Abrohom, altjiddisch Awroham, arabisch Ibrāhīm) ist als Stammvater Israels eine zentrale Figur des Tanach bzw. des Alten Testaments. Er gilt auch als Stammvater der Araber; von seinem Sohn Ismael soll der Prophet des Islam, Mohammed, abstammen. Abrahams Geschichte wird im biblischen Buch Genesis bzw. Bereschit (Gen 12–25 erzählt. Danach gehört er zusammen mit seinem Sohn Isaak und seinem Enkel Jakob zu den Erzvätern, aus denen laut biblischer Überlieferung die Zwölf Stämme des Volkes Israel hervorgingen.

59. Das Bahaitum ist eine weltweit verbreitete Religion mit rund acht Millionen Anhängern, die sich auf die Lehren des Religionsstifters Bahā'ullāh berufen und nach ihm als Bahai bezeichnet werden. In ihrem Ursprungsland Iran bilden die Bahai die größte nichtmuslimische religiöse Minderheit. Die Ursprünglivh aus dem Babisdmusd hervorgegangene Universalreligion lehrt einen „abrahamitischen Monotheismus eigener Prägung", in dessen Mittelpunkt der Glaube an einen transzendenten Gott, die mystische Einheit der Religionen und die Einheit der Menschheit in ihrer Vielfältigkeit stehen.

60. Aleviten sind Mitglieder einer vorwiegend in der Türkei beheimateten Glaubensrichtung, die sich im 13./14. Jahrhundert unter den zugewanderten oghusisch-turkmenischen Stämmen in Anatolien und Aserbaidschan verbreitete. Ob das Alevitentum in seiner heutigen Form ein Teil des schiitischen Islam ist, es sich hier um eine separate islamische Konfession handelt oder man von einer eigenständigen Religion sprechen kann, ist in der Forschung umstritten. Eine Beziehung zum schiitischen Islam lässt sich über Ismail I. herstellen.

61. Die Samaritaner oder Samariter bilden eine Religionsgemeinschaft, die wie das Judentum aus dem Volk Israel hervorgegangen ist. Der hebräische Begriff shamerim bedeutet Bewahrer, Beobachter oder Observanten. Die Schamerim (israelitische Samaritaner) verstanden und verstehen sich als Observanten und Einhalter der Satzungen Mose (Thora oder Pentateuch). Sie sehen sich als die Vertreter des alten Israels und vertreten dessen Gottesbild.

62. Die Drusen, Bekenner der Einheit Gottes' sind eine arabisch sprachige Religionsgemeinschaft im Nahen Osten, die im frühen 11. Jahrh.in Ägypten als Abspaltung der ismailitischen Schia entstand. Angehörige dieser Gemeinschaft leben heute vor allem in Syrien (ca. 700.000), im Libanon (ca. 280.000, also etwa 4,5 % der Bevölkerung), in Israel (125.300, also 1,6 % der Bevölkerung im Jahr 2004) sowie in sehr geringer Zahl auch in Tauhīd genannt und vertritt die Lehrmeinung der göttlichen Einheit'.

63. Die Mandäer sind Angehörige einer monotheistischen Religionsgemeinschaft mit etwa 100.000 Anhängern. Der Mandaismus weist als eine vorchristliche Religion Gemeinsamkeiten mit dem Zoroastrismus und dem Judentum auf. Der Glaube ist von einem stark dualistisch gefärbten Monotheismus, von strengen Reinheitsvorschriften, einer komplexen Mythologie und der Ablehnung von Askese geprägt. Ferner weisen sprachliche Elemente der mandäischen Sprache

und Bezüge zu den Ritualen und Mizwot (Geboten) des Frühjudentums, etwa Waschungs- und Taufrituale.

64. Rastafari; auch Rastafarianismus ist eine in Jamaika in den 1930er Jahren entstandene und weltweit verbreitete Glaubensrichtung, die dem Christentum entsprungen ist und viele alttestamentliche Bezüge aufweist.

65. Gottfried Wilhelm Leibniz * 1646; †1716 war ein deutscher Philosoph, Mathematiker, Jurist, Historiker und politischer Berater der frühen Aufklärung. Er gilt als der universale Geist seiner Zeit und war einer der bedeutendsten Philosophen des ausgehenden 17. und beginnenden 18. Jahrhunderts sowie einer der wichtigsten Vordenker der Aufklärung.

66. Giordano Bruno * Januar 1548 † 17. Februar 1600 war ein italienischer Priester, Dichter, Philosoph und Astronom. Er wurde durch die Inquisition der Ketzerei und Magie für schuldig befunden und vom Gouverneur von Rom zum Tod auf dem Scheiterhaufen verurteilt.

67. Das Jüngste Gericht, Endgericht, Apokalypse, Jüngster Tag, Nacht ohne Morgen, Letztes Gericht, Gottes Gericht oder Weltgericht, stellt die antike bzw. alttestamentliche endzeitliche Vorstellung der abrahamitischen Religionen von einem das Weltgeschehen abschließenden göttlichen Gericht dar. Es ist als Gericht aller Lebenden und Toten eng mit der Idee der Auferstehung verknüpft und muss vom individuellen Partikulargericht über die einzelne Seele unterschieden werden.

68. Werner Karl Heisenberg * 5. Dez.1901 † 1. Febr. 1976 war ein deutscher Physiker. Heisenberg gab 1925 die erste mathematische Formulierung der Quantenmechanik an. 1927 formulierte er die Heisenbergsche Unschärferelation, die eine der fundamentalen Aussagen der Quantenmechanik trifft – nämlich, dass bestimmte Messgrößen eines Teilchens, etwa

dessen Ort und dessen Impuls, nicht gleichzeitig beliebig genau zu bestimmen sind. Für die Begründung der Quantenmechanik wurde er 1932 mit dem Nobelpreis für Physik ausgezeichnet. Er gilt als einer der bedeutendsten Physiker des 20. Jahrhunderts.

69. Das Evangelium nach Johannes, Kapitel 3
Joh 3,1 Es war ein Pharisäer namens Nikodemus, ein führender Mann unter den Juden.
Joh 3,2 Der suchte Jesus bei Nacht auf und sagte zu ihm: Rabbi, wir wissen, du bist ein Lehrer, der von Gott gekommen ist; denn niemand kann die Zeichen tun, die du tust, wenn nicht Gott mit ihm ist
Joh 3,3 Jesus antwortete ihm: Amen, amen, ich sage dir: Wenn jemand nicht von neuem geboren wird, kann er das Reich Gottes nicht sehen.
Joh 3,4 Nikodemus entgegnete ihm: Wie kann ein Mensch, der schon alt ist, geboren werden? Er kann doch nicht in den Schoß seiner Mutter zurückkehren und ein zweites Mal geboren werden
Joh 3,5 Jesus antwortete: Amen, amen, ich sage dir Wenn jemand nicht aus Wasser und Geist geboren wird, kann er nicht in das Reich Gottes kommen.
Joh 3,6 Was aus dem Fleisch geboren ist, das ist Fleisch; was aber aus dem Geist geboren ist, das ist Geist. Joh 3,7 Wundere dich nicht, dass ich dir sagte: Ihr müsst von neuem geboren werden.

70. Meister Eckhart * um 1260; †1328 war ein einflussreicher thüringischer Theologe und Philosoph des Spätmittelalters. Schon als Jugendlicher trat Eckhart in den Orden der Dominikaner ein, in dem er später hohe Ämter erlangte. Mit seinen Predigten erzielte er nicht nur bei seinen Zeitgenossen eine starke Wirkung, sondern beeindruckte auch die Nachwelt. Umstritten war seine Aussage, der „Seelengrund" sei nicht wie alles Geschöpfliche von Gott erschaffen, sondern göttlich und ungeschaffen. Im Seelengrund sei die Gottheit stets unmittelbar anwesend.

71. Biblische Exegese (veraltet auch Exegetik) ist die Auslegung von Texten des Alten Testaments bzw. des Tanach sowie des Neuen Testaments. Sie hat ihren Ort in der christlichen Theologie und Glaubenspraxis ebenso wie im Judentum. Mit ihrer Hilfe sollen fachlich gebildete Leser sowie Laien die Aussagen und Inhalte, die historischen und textlichen Zusammenhänge der biblischen Texte erfassen. In diesem Artikel wird vor allem die christliche Bibelwissenschaft behandelt. In der Forschung gibt es aber heute keine Trennung zwischen jüdischer und christlicher Bibelwissenschaft mehr. So ist die mit Abstand größte bibelwissenschaftliche Fachgesellschaft, die Society of Biblical Literature, nicht an bestimmte Konfessionen oder Religionen gebunden.

72. Das Vierte Laterankonzil (auch Vierte Lateransynode) war das bedeutendste Konzil des Mittelalters. Es wurde durch die Bulle Vineam Domini Sabaoth von Papst Innozenz III. vom 19. April 1213 einberufen und im November 1215 im römischen Lateran abgehalten. In der katholischen Kirchengeschichtsschreibung gilt es seit Bellarmins Disputationes (1586) trotz Abwesenheit der Ostkirche als ökumenisches Konzil. Innozenz III. gilt als einer der bedeutendsten Kirchenrechtler des Mittelalters. Dementsprechend ließ er auf dem Konzil eine Fülle von Verfahrensregeln verabschieden. Sein Entwurf über die Finanzierung der römischen Dikasterien wurde allerdings abgelehnt, die anderen Canones feierlich bestätigt. Diese wurden später von den Glossatoren gegliedert, nummeriert und in verschiedene Kirchenrechtssammlungen aufgenommen und fanden weiteste Rezeption in den europäischen Teilkirchen, u. a. auf Provinzialsynoden.

73. Kapparot (hebr. Sühnungen), Kappores schlagen oder Hühnerschwenken ist ein von einem Teil der Juden begangenes Ritual am Vorabend des Versöhnungstages (Jom Kippur). Hierbei wird zur Sühne ein lebendes Huhn über dem Kopf einer Person geschwenkt und das Huhn danach geschlachtet. Anstelle von Hühnern kann man aber auch Münzen an die Armen verteilen.

Auch die zur Sühne genommenen Hühner werden anschließend an die Armen verteilt. Der Brauch stammt aus der jüdischen Diaspora im mittelalterlichen Persien des siebenten Jahrhunderts. Jüdische Gelehrte, etwa Maimonides, untersagten diese Sitte, weil er heidnischen Ursprungs sei und Aberglauben stärken könne. Andere Gelehrte wie befürworteten Kapparot. Die Praxis wurde von den aschkenasischen Juden Osteuropas weitgehend akzeptiert und hält sich auch bei ultraorthodoxen Juden in neuerer Zeit.

74. Jom Kippur, Tag der Sühne' Versöhnungstag oder Versöhnungsfest, ist der höchste jüdische Feiertag. Nach jüdischem Kalendersystem wird er am 10. Tag des Monats Tischri begangen – als strenger Ruhe- und Fastentag. Im Gregorianischen Kalender fällt Jom Kippur von Jahr zu Jahr auf unterschiedliche Daten im September oder Oktober. Zusammen mit dem zehn Tage davor stattfindenden zweitägigen Neujahrsfest Rosch ha-Schana bildet er die Hohen Feiertage des Judentums und den Höhepunkt und Abschluss der zehn Tage der Reue und Umkehr. Jom Kippur wird von einer Mehrheit der Juden, auch nicht religiösen, in mehr oder weniger strikter Form eingehalten.

75. Artikel Kappara. In: Georg Herlitz, Bruno Krischner (Hrsg.): Jüdisches Lexikon, Bd. 3: I–Ma. Athenäum Verlag, Frankfurt/M. 1987,   ISBN 3-610-00400-2

76. Der Sündenbock spielte bis zur Zerstörung des Jerusalemer Tempels (70 nach Christus) in der Liturgie des Großen Versöhnungstages eine besondere Rolle: Er wurde, symbolisch beladen mit den Sünden des Volkes Israel, in die Wüste geschickt und diente der jährlichen Versöhnung zwischen Gott und Mensch
.

77. Quisas bezeichnet im islamischen Recht (Scharia) das Prinzip der Wiedervergeltung. Sie kann bei Tötung eines Menschen und bei Nichttödlicher Verwundung angewendet werden. Quises steht in engem Bezug zu den qawāʿid fiqhīya, in denen sich der

Leitgedanke eines schützenswerten „Gemeinwohls" (maṣlaḥa) niederschlägt.

78. Die Scharia im Sinne von „Weg zur Tränke, Weg zur Wasserquelle, deutlicher, gebahnter Weg"; auch: „(religiöses) Gesetz", „Ritus"), abgeleitet aus dem Verb scharaʿa, DMG šaraʿa ‚den Weg weisen, vorschreiben', beschreibt „die Gesamtheit aller religiösen und rechtlichen Normen, Mechanismen zur Normfindung und Interpretationsvorschriften des Islam. Ein einziger Gott (Allah) gilt in diesem Rechtssystem als der oberste Gesetzgeber. Sein Gesetz sei ein Teil der göttlichen >Offenbarung im Koran. Bei der Scharia handelt es sich um kein kodifiziertes Rechtssystem, sondern „ein Regelwerk, welches sich stets im Wandel befindet". Scharia lasse sich deshalb nur verstehen, wenn man die „Rechtsquellen- und Rechtsfindungslehre" statt „inhaltliche[r] Einzelregelungen" betrachtet

79. Hel ist in der nordischen Mythologie die Herrscherin der gleichnamigen Unterwelt, auch Helheim genannt, ein trostloser und düsterer Ort an dem Verbrecher wie Mörder und Diebe, aber auch Lügner dort ewiglich Kälte, Schmerz und Hunger leiden. Hel als Totengöttin ist die Tochter Lokis und der Riesin Angrboda, wird aber nicht dem Göttergeschlecht der Asen, sondern den Riesen zugerechnet. Ihre Haut ist hälftig von normaler Farbe, hälftig blau-schwarz, was zeigt, dass sie halb tot und halb lebendig ist

80. Das Jüngste Gericht, auch Endgericht, Apokalypse, Jüngster Tag, Nacht ohne Morgen, Letztes Gericht, Gottes Gericht oder Weltgericht, stellt die antike bzw. alttestamentliche endzeitliche Vorstellung der abrahamitischen Religionen von einem das Weltgeschehen abschließenden göttlichen Gericht dar. Es ist als Gericht aller Lebenden und Toten eng mit der Idee der Auferstehung verknüpft und muss vom individuellen Partikulargericht über die einzelne Seele unterschieden werden.

81. Angra Mainyu = Ahrimann ist ein avestischer Begriff, der in der zoroastrischen Theologie die Zerstörung bzw. das Zerstörerische repräsentiert. In den mittelpersischen Texten der zoroastrischen Tradition erscheint der Name erstmals als Ahriman.

82. Sechet-iaru, ist in der ägyptischen Mythologie ein Teil des Landes Ta-djeser in der Duat, dem von Osiris regierten Jenseits. Es markiert – im Gegensatz zur Düsternis des Totenreiches – die hell erleuchtete Region.

83. Hetemit bezeichnet in der ägyptischen Mythologie den in der Duat liegenden Ort der Vernichtung. Es ist der geheime Platz im Jenseits, wo Feinde der Götter oder die Verstorbenen gerichtet beziehungsweise vernichtet werden. Insbesondere im Zusammenhang mit dem altägyptischen Totengericht bezüglich des Totenbuchspruches 125 erfahren die Toten, die das negative Sündenbekenntnis nicht erfolgreich ablegten, den zweiten Tod. Ein Übertritt der Ba-Seele des Verstorbenen nach Sechet-iaru war so unmöglich.

84. Tartaros ist in der griechischen Mythologie ein personifizierter Teil der Unterwelt, der in der tiefsten Region des Hades liegt. Tartaros ist der Strafort der Unterwelt. Er ist angeblich so tief, dass ein Amboss, der von der Erde zum Tartaros hinab fiel, neun Tage brauchte, um ihn zu erreichen; genauso lange, wie der Amboss benötigte, um vom Himmel bis zur Erde zu gelangen. Zu ewigen Qualen im Tartaros verurteilt waren die Titanen, Arke, Tityos, Ixion, Oknos, Phlegyas, Salmoneus, die Danaiden, die Aloiden, Sisyphos und Tantalos, der Sohn des Zeus.

85. Henoch oder Enoch ist eine biblische Gestalt, die noch vor ihrem Tod von der Erde weggenommen wurde (Entrückung Gen 5,18–24 EU). Aufgrund der unklaren Umstände seines Verschwindens rief er viele unterschiedliche, darunter auch symbolhafte, mystische und esoterische Interpretationen hervor. Dieser Henoch ist nicht zu verwechseln mit Henoch, dem Sohn Kains, nach dem auch eine Stadt benannt wurde (Gen 4,17 EU).

86. Scheol ist ein Ort der Finsternis, zu dem alle Toten gehen, sowohl die Gerechten und die Ungerechten, ein Ort der Stille und Dunkelheit, der vom Leben abgeschnitten ist. Die Gelehrten diskutieren noch heute darüber, ob Scheol nun ausschließlich Grab oder auch Totenwelt oder sogar Hölle bedeutet. In der Bibel wird Scheol ausnahmslos mit Tod, nie mit Leben in Verbindung gebracht. Die griechische Übersetzung des Alten Testaments, die Septuaginta, verwendet an den entsprechenden Stellen das griechische Wort Hades. Alte Bibelübersetzungen inas Deutsche gebrauchten zumeist das Wort „Hölle", neuere deutschsprachige Bibelübersetzungen verwenden meist Begriffe aus dem Wortfeld „Totenreich".

87. Apologetik oder Apologie deutsch, Verteidigung, Rechtfertigung', bezeichnet die Verteidigung einer Anschauung, insbesondere hat sich die Bedeutung eingebürgert, dass die Rechtfertigung von christlichen Glaubenslehrsätzen, und jenem Teilbereich der christlichen Theologie, in dem man sich mit der wissenschaftlich-rationalen Absicherung des Glaubens befasst, mit dem Begriff Apologetik bezeichnet wird. Eine Einschränkung auf christliche Inhalte würde jedoch eine Begriffsverengung darstellen. Wird der Begriff Apologetik etwa in marxistisch Orienmtierten Studien gebraucht, so sollte besser von „Gesellschaftsapologetik" gesprochen werden.

88. Thagaste(*354 † 430 war ein römischer Bischof und Kirchenlehrer. Er galt neben Hieronymus, Ambrosius von Mailand und Papst Gregor dem Großen als einer der vier lateinischen Kirchenväter des patristischen Zeitalters der Alten Kirche, deren Konsens in dogmatischen und exegetischen Fragen kanonische (verbindliche) Geltung zugesprochen wurde.

89. Scholastik ist die Denkweise und Methode der Beweisführung, die in der Gelehrtenwelt des Mittelalters entwickelt wurde. Bei dieser Methode handelt es sich um ein von den logischen Schriften des Aristoteles ausgehendes Verfahren zur Klärung von Fragen mittels theoretischer Erwägungen, ausgehend von

Prämissen („Voraussetzung, Annahme"). Dabei wird eine Behauptung untersucht, beispielsweise die *Erde ist eine Scheibe*, indem zuerst die für und die gegen sie sprechenden Argumente nacheinander dargelegt werden und dann eine Entscheidung über ihre Richtigkeit getroffen und begründet wird. Behauptungen werden widerlegt, indem sie entweder als unlogisch oder als Ergebnis einer begrifflichen Unklarheit erwiesen werden oder indem gezeigt wird, dass sie mit evidenten oder bereits bewiesenen Tatsachen unvereinbar sind.

90. Anselm von Canterbury * um 1033 † 1109) war ein Theologe, Erzbischof und Philosoph des Mittelalters. Er wurde heiliggesprochen, wird vielfach als Begründer der Scholastik angesehen und ist Hauptrepräsentant der Frühscholastik. Seit 1720 trägt er den Ehrentitel Kirchenlehrer. Nachhaltige Wirkung hatte Anselms ontologischer Gottesbeweis, der sich im Proslogion, eigentlich einer Meditation über das Wesen Gottes, befindet. Er gehört zu den am meisten diskutierten Argumenten in der Philosophiegeschichte.

90a. Das Proslogion ist ein von Anselm von Canterbury in der Frühscholastik 1077/78 verfasstes Werk. Es gilt als das erste Werk der abendländischen Philosophie bzw.Philosophiegeschichte, das einen ontologischen Gottesbeweis enthält, und erlangte deshalb größere Bedeutung. Wesentliches ein „einziges Argument – unum argumentum" nachzuweisen.

91. Thomas von Aquin * 1225 † 1274 oder nur Thomas genannt, war ein italienischer Dominikaner und einer der einflussreichsten Philosophen und der bedeutendste katholische Theologe der Geschichte. Er gehört zu den bedeutendsten Kirchenlehrern der römisch-katholischen Kirche und ist als solcher unter verschiedenen Beinamen wie etwa Doctor Angelicus bekannt. Seiner Wirkungsgeschichte in der Philosophie des hohen Mittelalters nach zählt er zu den Hauptvertretern der Scholastik. Er hinterließ ein sehr umfangreiches Werk, das etwa im Neuthomismus und der Neuscholastik bis in die heutige Zeit

nachwirkt. In der römisch-katholischen Kirche wird er als Heiliger verehrt. Seine Quinque viae („Fünf Wege"), dargestellt in seinem Hauptwerk, der Summa Theologica (auch Summe Theologiae) hat Thomas zunächst nicht als „Gottesbeweise" bezeichnet, sie können jedoch als solche aufgefasst werden, da sie rationale Gründe für Gottes Existenz darlegen.

92. Mater prima oder prima materia ist ein lateinischer, philosophischer Terminus, der „erste Materie" bedeutet; der Ausdruck wird auch mit „Urstoff" oder „Urmaterie" übersetzt. Der Begriff geht auf Aristoteles zurück, welcher lehrte, dass die konkreten materiellen Dinge durch Materie (hyle) und Form (morphe) konstituiert seine (sog.Hylemorphismus). Die erste noch ungeformte Materie heißt bei ihm ὕλη πρώτη (hulê protê, hyle prote) oder πρώτη ὕλη (protê hulê); dieser Ausdruck wurde mit materia prima ins Lateinische übersetzt. Der Begriff war insbesondere in der Scholastik von Bedeutung.

93. Mit Nichts wird in der Alltagssprache ein universelles abstraktes Konzept bezeichnet, das verschiedene Bedeutungsaspekte besitzt. Die verschiedenen Bedeutungsaspekte von Nichts wurden in der Philosophie nicht immer klar unterschieden. Daher ist der Frage, ob sich „Nichts" denken lässt oder nicht – und wenn ja, wie – in der Philosophiegeschichte auf sehr unterschiedliche Arten nachgegangen worden.

94. Als Urknall wird in der Kosmologie der Beginn des Universums, also der Anfangspunkt der Entstehung von Materie, Raum und Zeit bezeichnet. Nach dem kosmologischen Standardmodell ereignete sich der Urknall vor etwa 13,8 Milliarden Jahren. Urknalltheorien beschreiben nicht den Urknall selbst, sondern Das frühe Universum in seiner zeitlichen Entwicklung nach dem Urknall. „Urknall" bezeichnet keine Explosion in einem bestehenden Raum, sondern die gemeinsame Entstehung von Materie, Raum und Zeit aus einer ursprünglichen Singularität. Diese ergibt sich formal, indem man die Entwicklung des expandierenden Universums zeitlich rückwärts bis zu dem Punkt

betrachtet, an dem die Materie- und Energiedichte unendlich wird.

95. Blaise Pascal * 19. Juni 1623 † 19. August 1662 in Paris) war ein französischer Mathematiker, Physiker, Literat und christlicher Philosoph.

96. Immanuel Kant (* 22. April 1724 † 12. Februar 1804 war ein deutscher Philosoph der Aufklärung. Kant zählt zu den bedeutendsten Vertretern der abendländischen Philosophie. Sein Werk Kritik der reinen Vernunft kennzeichnet einen Wendepunkt in der Philosophiegeschichte und den Beginn der modernen Philosophie. Kant schuf eine neue, umfassende Perspektive in der Philosophie, welche die Diskussion bis ins 21. Jahrhundert maßgeblich beeinflusst. Dazu gehört nicht nur sein Einfluss auf die Erkenntnistheorie und Metaphysik mit der Kritik der reinen Vernunft, sondern auch auf die Ethik mit der Kritik der praktischen Vernunft und die Ästhetik mit der Kritik der Urteilskraft. Zudem verfasste Kant bedeutende Schriften zur Religions-, Rechts- und Geschichtsphilosophie sowie Beiträge zur Astronomie und den Geowissenschaften.

97. Die Kritik der reinen Vernunft (KrV; im Original *Critik der reinen Vernunft*) ist das erkenntnistheoretische Hauptwerk des Philosophen Immanuel Kant, in dem er den Grundriss für seine Transzendentalphilosophie liefert. Die KrV wird als eines der einflussreichsten Werke in der Philosophiegeschichte betrachtet und kennzeichnet einen Wendepunkt und den Beginn der Modernen Philosophie. Kantr schrieb seine KrV als erste seiner drei „Kritiken", es folgten die Kritik der praktischen Vernunft und die Kritik der Urteilskraft.

98. Immanuel Kant: Kritik der reinen Vernunft, Zweiter Teil. Kritik der teleologischen Urteilskraft §87 Von dem moralischen Beweise des Daseins Gottes.

99. Gottfried Wilhelm Leibniz * 1646 † 1716 war ein deutscher Philosoph, Mathematiker, Jurist, Historiker und politischer Berater der frühen Aufklärung. Er gilt als der universale Geist

seiner Zeit und war einer der bedeutendsten Philosophen des ausgehenden 17. und beginnenden 18. Jahrhunderts sowie einer der wichtigsten Vordenker der Aufklärung.

100. Die Monadologie (von griechisch μονάς monás „Eins", „Einheit") ist die von Gottfried Wilhelm Leibniz begründete Monadenlehre und Titel des Werkes von 1714

101. Die Gravitationskonstante ist die fundamentale Naturkonstante, die die Stärke der Gravitation bestimmt. In dem Gravitationsgesetz nach Isaac Newton ergibt sie direkt die Stärke der Gravitationskraft zwischen zwei Körpern in Abhängigkeit von ihrem Abstand und ihren Massen, in der allgemeinen Relativitätstheorie nach Albert Einstein bestimmt sie die Krümmung der vierdimensionalen Raumzeit und damit den Ablauf aller mit der Gravitation zusammenhängenden Erscheinungen. Für die Beschreibung astronomischer Größen und Vorgänge besitzt sie fundamentale Bedeutung.

102. Das Plancksche Wirkungsquantum, oder die Planck-Konstante, ist das Verhältnis von Energie und Frequenz eines Photons, entsprechend der Formel. Die gleiche Beziehung gilt allgemein zwischen der Energie eines Teilchens oder physikalischen Systems und der Frequenz seiner quantenmechanischen Phase.

103. Unter der Lichtgeschwindigkeit versteht man meist die Ausbreitungsgeschwindigkeit von Licht im Vakuum. Neben Licht breiten sich auch alle anderen elektromagnetischen Wellen sowie auch Gravitationswellen mit dieser Geschwindigkeit aus. Sie ist eine fundamentale Naturkonstante, deren Bedeutung in der speziellen und allgemeinen Relativitätstheorie weit über die Beschreibung der elektromagnetischen Wellenausbreitung hinausgeht. Die Längeneinheit Meter ist über die Lichtgeschwindigkeit im Vakuum definiert. Die Lichtgeschwindigkeit wurde hierfür auf 299792458 m/s festgelegt.

104. Die magnetische Feldkonstante, auch Magnetische Konstante, Vakuumpermeabilität oder Induktionskonstante, ist eine physikalische Konstante, die eine Rolle bei der Beschreibung von Magnetfeldern spielt. Sie gibt das Verhältnis der magnetischen Flussdichte zur magnetischen Feldstärke im Vakuum an.

105. Carl Edward Sagan * 1934 † 1996 war ein US-amerikanischer Astronom, Astrophysiker, Exobiologe, Fernsehmoderator, Sachbuchautor und Schriftsteller. Er schrieb und moderierte die – mit Peabody Award und Emmy ausgezeichnete – dreizehnteilige Fernsehserie *Unser Kosmos*. Die Serie behandelte ein weit gefächertes Spektrum wissenschaftlicher Themen und versuchte, dem Laien komplexe wissenschaftliche Zusammenhänge zu vermitteln, ging dabei aber auch über die Grundinformationen zur Entstehung des Universums, der Galaxien und des Lebens, hinaus.

106. Ockhams Rasiermesser – oder Sparsamkeitsprinzip – ist ein heuristisches Forschungsprinzip aus der Scholastik, das bei der Bildung von erklärenden Hypothesen und Theorien Ockham (1288–1347) benannte Prinzip findet seine Anwendung in der Wissenschaftstheorie und der wissenschaftlichen Methodik.
Vereinfacht ausgedrückt besagt es:
1. Von mehreren hinreichenden möglichen Erklärungen für ein und denselben Sachverhalt ist die einfachste Theorie allen anderen vorzuziehen.
2. Eine Theorie ist einfach, wenn sie möglichst wenige Variablen und Hypothesen enthält und wenn diese in klaren logischen Beziehungen zueinander stehen, aus denen der zu erklärende Sachverhalt logisch folgt.
Diese Maxime widerspricht nicht der Schlussfolgerung, dass in einem System mehrere Ursachen auftreten können. Der praktische Vorteil dieses Prinzips für die Theoriefindung ist, dass Theorien mit wenigen und einfachen Annahmen leichter falsifizierbar sind als solche mit vielen und komplizierten

Annahmen. Ockhams Rasiermesser ist aber nur eines von mehreren Kritierien für die Qualität von Theorien. Mit ihm lässt sich kein Urteil über die Gültigkeit von Erklärungsmodellen fällen, wohl aber lassen sich unnötige Annahmen aussondern.

107. Friedrich Wilhelm Nietzsche * 1844† 1900 war ein deutscher klassischer Philologe und Philosoph. Sein Werk enthält scharfe Kritiken an Moral, Religion, Philosophie, Wissenschaft und Formen der Kunst. Wiederkehrendes Ziel von Nietzsches Angriffen sind vor allem die christliche Moral sowie die christliche und platonistische Metaphysik. Er stellte den Wert der Wahrheit überhaupt in Frage und wurde damit Wegbereiter postmoderner philosophischer Ansätze. Auch Nietzsches Konzepte des „Übermenschen", des „Willens zur Macht" oder der „ewigen Wiederkunft" geben bis heute Anlass zu Deutungen und Diskussionen.

108. Clinton Richard Dawkins, * 1941 ist ein britischer Zoologe, theoretischer Biologe, Evolutionsbiologe und Autor populärwissenschaftlicher Literatur. Von 1995 bis 2008 war er Professor an der University of Oxford. Er wurde 1976 mit seinem Buch The Selfish Gene (Das egoistische Gen) bekannt, in dem er die Evolution auf der Ebene der Gene analysiert. Er führte den Begriff Mem als hypothetisches kulturelles Analogon zum Gen in der biologischen Evolution ein. In den folgenden Jahren schrieb er mehrere Bestseller, unter anderem The Extended Phenotype (1982), Der blinde Uhrmacher (1986), Und es entsprang ein Fluß in Eden (1995), Gipfel des Unwahrscheinlichen (1996), Der Gotteswahn (2006) und Die Schöpfungslüge (2009) sowie weitere kritische Beiträge zu Religionund Kreationismus.
Dawkins gilt als einer der bekanntesten Vertreter des „Neuen Atheismus."

109. Bertrand Arthur William Russell, 3. Earl Russell* 1872 † 1970
war ein britischer Philosoph, Mathematiker, Religionskritiker
und Logiker. Er unterrichtete unter anderem am Trinity College
der Universität Cambridge, der London School of Economics,
der Harvard University und der Peking-Universität und war
Mitglied der Cambridge Apostles. 1950 erhielt er den Nobelpreis
für Literatur. Bertrand Russell gilt als einer der Väter
der Analytischen Philosophie. Er verfasste eine Vielzahl von
Werken zu philosophischen, mathematischen und
gesellschaftlichen Themen. Zusammen mit Alfred North
Whitehead veröffentlichte er die Principia Mathematica, eines
der bedeutendsten Werke des 20. Jahrhunderts über die
Grundlagen der Mathematik. Russell war Atheist und Rationalist

110. Stephen William Hawking, * 1942 † 2018 war ein britischer
theoretischer Physiker und Astrophysiker. Von 1979 bis 2009
war er Inhaber des renommierten Lucasischen Lehrstuhls für
Mathematik an der Universität Cambridge. Stephen Hawking
lieferte bedeutende Arbeiten zur Kosmologie, zur allgemeinen
Relativitätstheorie und zu Schwarzen Löchern. Durch seine
populärwissenschaftlichen Bücher über moderne Physik und
umfangreiche mediale Berichterstattung wurde er auch einem
breiten Publikum außerhalb der Fachwelt bekannt.

111. Charles H. Long (1926–2020) in Little Rock, Arkansas
1944 bis 1946 US Army Air Forces. Long trat danach in die
Fakultät der Chicago Divinity School ein, wo er ein Gestalter der
Chicago- Religionswissenschaft wurde.
Prof. Long war 1973 Präsident der American Academy of Religion,
der größten und angesehensten Fachgesellschaft auf diesem
Gebiet. Von 1987 bis 1990 war er Gründungsmitglied der Society
for the Study of Black Religion und deren Präsident der National
Humanities Faculty,
Gründungsredakteur der Zeitschrift History of Religions (1961),

111a Unter der kopernikanischen Wende oder der kopernikanischen
Revolution versteht man die Abkehr vom geozentrischen (d. h. die
Erde als Mittelpunkt des Sonnensystems habenden) Weltbild, die

sich im 16. und 17. Jahrhundert in Europa vollzog. Die Wende bestand darin, bei der Erforschung der Welt über den unmittelbaren Augenschein hinauszugehen, um durch konstruktive Vernunft zu neuen Erkenntnissen zu gelangen.In einem engeren Sinn ist mit der kopernikanischen Wende das Ende der Auffassung gemeint, dass die Erde im Weltmittelpunkt ruhe und von rotierenden himmlischen Sphären umgeben sei. In einem weiteren Sinn umfasst die kopernikanische Wende das Ende der mit diesem Weltbild verbundenen weitreichenden Vorstellungen in Philosophie und Religion des ausgehenden europäischen Mittelalters über die Stellung des Menschen in der Welt. Dieses Verständnis der kopernikanischen Wende diente auch zur Abgrenzung der Epochen Mittelalter und Neuzeit in der Geschichtswissenschaft. In der kopernikanischen Wende manifestiert sich das Ende der Deutungshoheit der Kirche in vielen lebensweltlichen und philosophischen Belangen des Mittelalters. An ihre Stelle traten schrittweise und zum Teil unter heftigen Auseinandersetzungen die sich entfaltenden Naturwissenschaften.

112. Charles Robert Darwin* 1809 † 1882 war ein britischer Naturforscher. Er gilt wegen seiner wesentlichen Beiträge zur Evolutionstheorie als einer der bedeutendsten Naturwissenschaftler. Bereits 1838 entwarf Darwin seine Theorie der Anpassung an den Lebensraum durch Variation und natürliche Selektion und erklärte so die phylogenetische Entwicklung aller Organismen und ihre Aufspaltung in verschiedene Arten. 1859 erschien Darwins Hauptwerk On the Origin of Species (Über die Entstehung der Arten), das als streng naturwissenschaftliche Erklärung für die Diversität des Lebens die Grundlage der modernen Evolutionsbiologie bildet und einen entscheidenden Wendepunkt in der Geschichte der modernen Biologie darstellt.

113. Jean-Baptiste Pierre Antoine de Monet, Chevalier de Lamarck, 1744 † 1829 war ein französischer Botaniker, Zoologe und Entwicklungsbiologe. Lamarck ist der Begründer der modernen Zoologie der wirbellosen Tiere, er verwendete und definierte zeitgleich mit Gottfried Reinhold Treviranus erstmals in seiner

1802 erschienenen Schrift *Hydrogéologie* den von Michael Christoph Hanow 1766 eingeführten Begriff „Biologie" und legte als erster eine ausformulierte Evolutionstheorie vor. Diese umfasst als Hauptprinzip eine gerichtete Höherentwicklung durch wiederholte Urzeugung entstandener Lebewesen, durch die die einzelnen Klassen entstehen; und als Nebenprinzip die seiner Ansicht nach mögliche Vererbung erworbener Eigenschaften, die zur Artenvielfalt Veränderlichkeit der Tierklassen führen soll.

114. Étienne Geoffroy Saint-Hilaire * 1772 †1844 war ein französischer Zoologe. Durch seine Bekanntschaft mit dem Naturhistoriker Jean-Baptiste Lamarck erfuhr die Entwicklung der Paläo-Biologie im 19. Jahrhundert große Fortschritte. In der *Philosophie anatomique* (1818–1822) entwickelte Hilaire die Theorie, dass der Körperbau von Wirbeltieren und Wirbellosen einen gemeinsamen Grundbauplan aufweist. Da es – nach seiner Ansicht – in der Entwicklung der Arten keine Sprünge gegeben hat, müssten selbst überflüssig gewordene Organe heute noch als Rudimente aufzufinden sein (wie etwa das Zwischenkieferbein).

115. Ernst Heinrich Philipp August Haeckel * 1834 † 1919 war ein deutscher Mediziner, Zoologe, Philosoph, Zeichner und Freidenker, der ab den 1860er Jahren die Ideen von Charles Darwin zu einer speziellen Abstammungslehre ausbaute. Er trug durch seine populären Schriften und Vorträge sehr zur Verbreitung des Darwinismus in Deutschland bei, den er im Gegensatz zu seinem Lehrer, Rudolf Virchow, wie seinem Gegner Emil Heinrich Du Bois-Reymond im Schulunterricht eingegliedert sehen wollte. Im Rahmen seiner Auseinandersetzungen mit der Übertragbarkeit rassischer Kategorien auf die gesellschaftliche Entwicklung des Menschen zählt Haeckel – hier klarer Gegner seines Lehrers Virchow – zu den schließlich entschiedenen Vertretern einer „eugenischen" Sozialpolitik. Aufgrund seiner Überlegungen zur „künstlichen Züchtung" des Menschen in modernen Gesellschaften gilt Haeckel als Wegbereiter der

Eugenik und Rassenhygiene in Deutschland. Nationalsozialistische Ideologen zogen Ausschnitte seiner Aussagen später als Begründung für ihren Rassismus und Sozialdarwinismus heran, erklärten gleichzeitig aber wesentliche Teile von Haeckels Weltbild als unvereinbar mit der völkisch-biologistischen Sichtweise des Nationalsozialismus.

116. Rudolf Ludwig Carl Virchow* 1821 † 1902 war ein deutscher Arzt, Pathologe, Pathologischer Anatom, Anthropologe, Prähistoriker und Politiker. In Würzburg und Berlin erlangte er Weltruf. Er begründete mit der Zellularpathologie und seinen Forschungen zur Thrombose die moderne Pathologie und vertrat eine sowohl naturwissenschaftlich, als auch sozial orientierte Medizin. Er war Geheimer Medizinalrat. Als liberaler Politiker und Mitbegründer der Deutschen Fortschrittspartei und der Deutschen Freisinnigen Partei stand er in höchstem Ansehen. Er gilt als Begründer der modernen Sozialhygiene.

117. Emil Heinrich du Bois-Reymond * 1818 † 1896 war ein deutscher Physiologe und theoretischer Mediziner, der als Begründer der experimentellen Elektrophysiologie und Mitbegründer des Faches Physiologie als naturwissenschaftliche Disziplin gilt. Besondere Bekanntheit erreichte er durch mehrere öffentlichkeitswirksame Reden über Wissenschaft, Philosophie und Kultur. In der zweiten Hälfte des 19. Jahrhunderts gehörte er zu den meistbeachteten Persönlichkeiten der internationalen Gelehrtenwelt. 1869/70 und 1882/83 war er Rektor der Universität Berlin.

118. Theologie (griechisch θεολογία theología, von altgriechisch θεός theós ‚Gott' und λόγος lógos ‚Wort, Rede, Lehre') bedeutet „die Lehre von Gott" oder Göttern im Allgemeinen und die Lehren vom Inhalt eines spezifischen religiösen Glaubens und seinen Glaubensdokumenten im Besonderen. Der Begriff theologia trat in der griechischen Antike zu der dortigen polytheistischen

Götterwelt auf. Dort bezeichnete er die „Rede von Gott", das Singen und Erzählen von Göttergeschichten Später verstanden christliche
christliche Theologen unter diesem Begriff „Gottes Rede zu den Menschen".

119. Als heilige Schriften bezeichnet die vergleichende Religionswissenschaft Texte, die für eine Religion normativ sind. In den unterschiedlichen Religionen gibt es auch ein je unterschiedliches Verständnis, was als normativer Text gilt. Ebenso ist die jeweilige Autorität eines Textes in den Religionen unterschiedlich. Religionen, die sich stark an Texten orientieren, nennt man auch Schrift- oder Buchreligionen In schriftlosen Kulturen spielen kollektive Überlieferungen von Mythen als orale Texte die gleiche Rolle wie heilige Schrift.

120. Unter einem Dogma, Meinung, Lehrsatz; Beschluss, Verordnung versteht man eine feststehende Definition oder eine grundlegende, normative Lehraussage, deren Wahrheitsanspruch als unumstößlich festgestellt wird. Insbesondere in der christlichen Theologie wird der Begriff Dogma für einen Lehrsatz gebraucht, der unter Berufung auf göttliche Offenbarung, die Autorität der kirchlichen Gemeinschaft bzw. des kirchlichen Lehramts oder auf besondere Erkenntnisse als wahr und relevant gilt. Die systematische Entfaltung und Interpretation der Dogmen wird Dogmatik genannt.

121. Das Allmachtsparadoxon ist ein philosophisches Paradoxon, das bei der Anwendung von Logik auf ein allmächtiges Wesen auftritt. Häufig wird das Paradoxon auf den Gott der abrahamitischen Religionen angewandt, was aber nicht zwingend erforderlich ist. Das Paradoxon beruht auf der Frage, ob ein allmächtiges Wesen in der Lage ist, etwas zu tun, was seine eigene Allmacht einschränkt, wodurch es seine Allmacht verlieren würde. Seit dem Mittelalter haben Philosophen das

Beispiel unter ihnen ist: „Kann ein allmächtiges Wesen einen so schweren Stein erschaffen, dass es ihn selbst nicht hochheben Kann? Kann ein allmächtiges Wesen etwas erschaffen, worüber es keine Macht hat und trotzdem allmächtig bleiben?"
Reduziert man das Paradoxon um den Prozess des Erschaffens eines Gegenstandes, entsteht die Formulierung:
„Kann ein allmächtiges Wesen seine Allmacht abgeben und sie gleichzeitig behalten?" Wird die zu erprobende Handlung (in dem Beispiel das Abgeben der Allmacht) nicht genau definiert, entsteht die allgemeingültige Form: „Kann ein allmächtiges Wesen eine Handlung vollziehen, ohne sie zu vollziehen?"

122. Als Singularität bezeichnet man in der Physik und Astronomie Orte, an denen die Gravitation so stark ist, dass die Krümmung Der Raumzeit divergiert, umgangssprachlich also „unendlich" ist. Das bedeutet, dass an diesen Orten die Metrik der Raumzeit ebenfalls divergiert und die Singularität kein Bestandteil der Raumzeit ist. Physikalische Größen wie die Massendichte, zu deren Berechnung die Metrik benötigt wird, sind dort nicht definiert. Nach der allgemeinen Relativitätstheorie gibt es unter sehr allgemeinen Voraussetzungen Singularitäten in der Raumzeit, wie Stephen Hawking und Roger Penrose in den 1960er Jahren zeigten (Singularitäten-Theorem). Die Singularitäten sind als mathematische Singularitäten formulierbar und hängen u. a. von speziellen Massenwerten oder anderen Parametern ab. In den Urknalltheorien „startet" die Raumzeit in einer mathematischen Singularität. Den ersten physikalisch beschreibbaren Zeitpunkt legt man auf den kürzest möglichen Zeitabstand von dieser Singularität, nämlich die Planck-Zeit von ca. 10^{-43} Sekunden. Die Ureknalltheorien beschreiben also nicht den Urknall selbst, sondern nur die Entwicklung des Universums seit diesem Weltalter. In der mathematischen Anfangssingularität sind Raum und Zeit noch nicht vorhanden. Angaben über Ausdehnung oder Dauer sind somit aus der Physik hinaus definiert. In der Anfangssingularität können die uns bekannten Naturgesetze nicht gültig gewesen sein. Die Anfangssingularität war kein Schwarzes Loch. Sie hatte

keinen Ereignishorizont und keinen sie umgebenden Außenraum.

123. Negative Energie:
Es gibt weniger als nichts, wenn man „nichts" als ein perfektes Vakuum ohne Teilchen und Strahlung definiert. Denn die Energiedichte im Raum kann auch negativ sein: Selbst ein perfektes Vakuum ist nicht vollkommen leer, sondern von unvermeidlich vorhandenen Quantenfluktuationen erfüllt – eine spontane Paar Entstehung und -Vernichtung virtueller Teilchen und Antiteilchen. Diese Fluktuationen lassen sich verringern. Das ist keine graue Theorie, sondern eine gemessene Tatsache: Im Vakuum entsteht zwischen zwei in geringem Abstand parallel ausgerichteten Metallplatten ein negativer Druck. Dieser nach dem niederländischen Physiknobelpreisträger Hendrik Casimir benannte Effekt entsteht dadurch, dass zwischen den Platten weniger Quantenfluktuationen vorkommen als außerhalb (bild der Wissenschaft 7/1998, „Die Kraft aus dem Vakuum"). Auch ein Spiegel, der rasch verschoben wird, kann einen Fluss negativer Energie erzeugen. In der Quantenoptik lässt sich durch so genannte destruktive Quanteninterferenz das Quantenrauschen unterdrücken, und die Energiedichte von Lichtwellen wird vorübergehend negativ.

Und wenn ein Schwarzes Loch langsam verdampft, muss seine Abgabe von Hawking-Strahlung durch die Aufnahme von negativer Energie kompensiert werden, die durch die extreme Raumzeit-Krümmung an seinem Rand entsteht. (Negative Energie darf nicht mit Antimaterie, der Kosmologischen Konstanten oder einem so genannten falschen Vakuum verwechselt werden, die positive Energiedichten haben, auch wenn ihre Ladungen umgekehrt sind beziehungsweise ihr Druck negativ ist.) Zahlreiche Studien zeigen, dass überlichtschnelle Fortbewegungen und Zeitreisen nur mit Hilfe von negativer Energie machbar wären. Obwohl die Quantentheorie die Existenz negativer Energie ermöglicht, setzt sie ihr doch enge Grenzen in Größe und Dauer. Das wird mit Quanten-Ungleichungen beschrieben, die der Heisenbergschen

Unschärferelation von Energie und Zeit ähneln und besagen, dass sich negative Energie nicht beliebig lange beliebig intensiv konzentrieren lässt: je größer die negative Energiedichte, umso kleiner ihre zeitliche oder räumliche Ausdehnung, und desto größer die positive Energie als Gegenstück. Physiker sprechen bei dem Energiedarlehen von Quantenzins: „Wie Schulden negatives Geld sind, das zurückgezahlt werden muss, so ist negative Energie ein Energiedefizit. Je größer das Darlehen, desto kleiner die maximal zulässige Darlehensdauer", schreiben Lawrence H. Ford und Thomas A. Roman, Physik-Professoren an der Tufts University in Massachusetts und an der Central Connecticut State University. „Die Natur ist ein unerbittlicher Bankier und fordert Schulden stets zurück – Quantenschulden sogar mit Zinsaufschlag."

Quelle: https://www.wissenschaft.de/allgemein/negative-energie/

124. Rationalismus (lateinisch ratio Vernunft) bezeichnet philosophische Strömungen und Projekte, die rationales Denken beim Erwerb und bei der Begründung von Wissen für vorrangig oder für allein hinreichend halten. Damit verbunden ist eine Abwertung anderer Erkenntnisquellen, etwa Sinneserfahrung (Empirie) oder religiöser Offenbarung und Überlieferung. Positionen, die der auf sich gestellten menschlichen Vernunft nur für begrenzte Gegenstandsbereiche oder gar kein objektives Wissen zutrauen, wie etwa die Spielarten des Irrationalismus und der „Vernunftskepsis", die auch einigen Vertretern der Postmoderne zugeschrieben werden, gelten daher als „anti-rationalistisch".

125. Agnostizismus „zum Erkennen, Einsehen geschickt, erkenntnisfähig, einsichtig" und negierendem Alpha privativum Sinn etwa „Lehre der Unerkennbarkeit" ist die philosophische Ansicht, dass Annahmen – insbesondere theologische, die die Existenz oder Nichtexistenz einer höheren Instanz, beispielsweise eines Gottes, betreffen – ungeklärt oder nicht erklärbar sind. Vertreter des Agnostizismus werden als Agnostiker bezeichnet.

126. Vakuumfluktuationen, Quanten- und Nullpunktsfluktuation, sind
    Begriffe, die in Zusammenhang mit der Quantenfeldtheorie
    verwendet werden. In populärwissenschaftlichen Artikeln wird
    der Begriff häufig auf die quantenmechanische Energie-Zeit-
    Unschärferelation oder auf virtuelle Teilchen reduziert. In der
    Physik versteht man unter Fluktuation die zufällige Änderung
    einer ansonsten bekannten konstanten oder schwingenden
    Systemgröße, wie zum Beispiel Fluktuation im Gravitationsfeld
    der Erde. In diesem Sinne ist jedoch die Vakuumfluktuation
    nicht zu verstehen. Das Vakuum ist in Raum und Zeit
    gleichmäßig und ändert sich überhaupt nicht. In der Vorstellung
    können virtuelle Teilchen in einem sehr kurzen Zeitraum real
    und sofort wieder absorbiert werden. Durch die entstehende
    Fluktuation der Energie verändert sich die messbare Masse und
    Ladung der Teilchen. Somit ist diese Fluktuation in den
    beobachtbaren Teilchen wie Elektronen oder Photonen bereits
    enthalten und kann niemals isoliert betrachtet werden.

127. Unter Evolution versteht man in erster Linie die biologische
    Evolution. Darunter wird die allmähliche Veränderung der
    vererbbaren Merkmale einer Population von Lebewesen und
    anderer organischer Strukturen (z. B. Viren) von Generation zu
    Generation verstanden. Das Lehr- und Forschungsgebiet der
    Evolution wird als Evolutionsbiologie bezeichnet und unterliegt,
    wie viele andere Wissenschaften, einem kontinuierlichen
    Erkenntnisfortschritt. Hierzu können insbesondere neue
    Einsichten durch die Entdeckung neuer Fossilien oder die
    Entwicklung neuartiger Methoden beitragen. Das Themenfeld
    der Evolution wurde zuweilen unterteilt in die
    Evolutionsgeschichte, in der die Veränderungen der Lebewesen
    im Laufe der Erdgeschichte beschrieben werden und bei dem es
    Überlappungen mit der Paläontologie gibt, sowie in die
    Evolutionstheorie, die naturwissenschaftliche Erklärungen
    (Hypothesen und Theorien) für das Gesamtphänomen der
    Evolution entwickelt. Die beiden Ansätze sind heutzutage in der
    Wissenschaft innig miteinander verwoben und befruchten sich

wechselseitig. Wissenschaftler beschäftigen sich ebenfalls im Rahmen der theoretischen Biologie mit der biologischen Evolution. Die theoretische Biologie als interdisziplinäres Teilgebiet der Biologie entwickelt mathematische Modelle und führt statistische Hypothesentests und Laborexperimente durch, um den Erkenntnisgewinn zu fördern.

128. Von Zufall spricht man, wenn für ein einzelnes Ereignis oder das Zusammentreffen mehrerer Ereignisse keine kausale Erklärung gefunden werden kann. Als kausale Erklärungen für Ereignisse kommen je nach Kontext eher Absichten handelnder Personen oder auch naturwissenschaftliche deterministische Abläufe in Frage.

Wenn von Zufall gesprochen wird, kann konkret gemeint sein:
1. Ein Ereignis geschieht objektiv ohne Ursache. Dieser „objektive Zufall" wird Indeterminismus genannt.
2. Ein Ereignis geschieht, ohne dass eine Ursache erkennbar ist
3. Ein Ereignis geschieht, bei dem man zwar die Einflussfaktoren kennt, sie aber nicht messen oder steuern kann, so dass das Ergebnis nicht vorhersehbar ist („empirisch-pragmatischer Zufall").
4. Zwei Ereignisse stehen in keinem (bekannten) kausalen Zusammenhang.

129. Unter der Lichtgeschwindigkeit = C = celeritas Schnelligkeit, versteht man meist die Ausbreitungsgeschwindigkeit von Licht im Vakuum. Neben Licht breiten sich auch alle anderen elektromagnetischen Wellen sowie auch Gravitationswellen mit dieser Geschwindigkeit aus. Sie ist eine fundamentale Naturkonstante, deren Bedeutung in der speziellen und allgemeinen Relativitätstheorie weit über die Beschreibung der elektromagnetischen Wellenausbreitung hinausgeht. Die Längeneinheit Meter ist über die Lichtgeschwindigkeit im Vakuum definiert. Die Lichtgeschwindigkeit wurde hierfür auf 299792458 m/s festgelegt.

130. Das Plancksche Wirkungsquantum, oder die Planck-Konstante
ist das Verhältnis von Energie und Frequenz eines Photons,
entsprechend der Formel Die gleiche Beziehung gilt allgemein
zwischen der Energie eines Teilchens oder physikalischen
Systems und der Frequenz seiner quantenmechanischen Phase.
Die Entdeckung des Wirkungsquantums durch Max Planck in
Den Jahren 1899 und 1900 begründete die Quantenphysik.
Das Wirkungsquantum verknüpft Eigenschaften, die vorher in
der klassischen Physik entweder nur Teilchen oder nur Wellen
zugeschrieben wurden. Damit ist es die Basis des Welle-
Teilchen-Dualismus der modernen Physik. Planck betrachtete
seinerzeit das Wirkungsquantum neben der
Gravitationskonstante und der Lichtgeschwindigkeit als die
dritte der fundamentalen Naturkonstanten der Physik.
Zusammen bilden diese Konstanten die Grundlage des
Natürlichen Einheitssystems der Planck-Einheiten.Er gab der
von ihm entdeckten Konstanten den Namen „elementares
Wirkungsquantum", weil sie bei „elementaren
Schwingungsvorgängen" eine entscheidende Rolle spielt und
sich gemäß der Definition (s. o.) als Quotient einer Energie und
einer Frequenz ergibt, weshalb sie die gleiche Dimension wie die
physikalische Größe Wirkung hat.

131. Die Gravitationskonstante ist die fundamentale Naturkonstante,
die die Stärke der Gravitation bestimmt. In dem Gravitationsgesetz
nach Isaac Newton ergibt sie direkt die Stärke der Gravitationskraft
zwischen zwei Körpern in Abhängigkeit von ihrem Abstand und
ihren Massen, in der allgemeinen Relativitätstheorie nach Albert
Einstein bestimmt sie die Krümmung der vierdimensionalen
Raumzeit und damit den Ablauf aller mit der Gravitation
zusammenhängenden
Erscheinungen. Für die Beschreibung astronomischer Größen
und Vorgänge besitzt sie fundamentale Bedeutung.

132. Ludwig Philipp Albert Schweitzer * 1875 †1965 war ein
deutsch-französischer Arzt, Philosoph, evangelischer Theologe,
Organist, Musikwissenschaftler und Pazifist. Er gilt als einer der

Bedeutendsten Denker des 20. Jahrhunderts. Schweitzer, der „Urwaldarzt", gründete ein Krankenhaus in Lambarene im zentralafrikanischen Gabun. Er veröffentlichte theologische und philosophische Schriften, Arbeiten zur Musik, insbesondere zu Johann Sebastian Bach, sowie autobiographische Schriften in zahlreichen und vielbeachteten Werken. 1953 wurde ihm der Friedensnobelpreis für das Jahr 1952 zuerkannt, den er 1954 entgegennahm.

133. Das Kybalion ist ein unter Esoterikern und Okkultisten populäres Buch, welches erstmals auf Englisch im Dezember 1908 in Chicago veröffentlicht wurde. Das Werk beinhaltet sieben „hermetische Prinzipien". Die Autorschaft ist nicht ganz geklärt, da die Urheber anonym blieben und das Buch selbst nur auf „drei Eingeweihte" verweist. ---Esoterik (von altgriechisch ἐσωτερικός esōterikós ‚innerlich', dem inneren Bereich zugehörig') ist in der ursprünglichen Bedeutungdes Begriffs eine phiolosophische Lehre, die nur für einen begrenzten „inneren" Personenkreis zugänglich ist, im Gegensatz zu Exoterik als allgemein zugänglichem Wissen. Andere traditionelle Wortbedeutungen beziehen sich auf einen inneren, spirituellen Erkenntnisweg, etwa synonym mit Mystik, oder auf ein „höheres", „absolutes" Wissen.
– Okkult (von lateinisch occultus, ‚verborgen', ‚verdeckt', geheim), Ist eine unscharfe Sammelbezeichnung für verschiedenste Phänomenbereiche, Praktiken und weltanschauliche Systeme, wobei okkult etwa gleichbedeutend mit esoterisch, paranormal, mystisch oder übersinnlich sein kann. In einem engeren, vorwiegend in der Wissenschaft gebräuchlichen Sinn wird die Bezeichnung für bestimmte esoterische Strömungen des späten 19. und frühen 20. Jahrhunderts verwendet .

Bibliographie

Die Bibel, Paul Pattloch-Verlag, Aschaffenburg

Die Thora, Herder

Der Talmud, Anaconda-Verlag

Der Sohar, Diederichs Gelbe Reihe

Der Koran, NIKOL

Das Buch Mormon, IntellectuelReserve Inc.

Bhagavad-Gita Wie sie ist, The Bhaktivedanta Book Trust

Das Urantiabuch, Urantia.org

Der Gotteswahn, Richard Dawkins, Ullstein ,

Briefe an Dawkins, David Robertson, Brunnen-Verlag, Basel-Giessen

Der blinde Uhrmacher , Richard Dawkins, dtv

Kritik der reinen Vernunft, I. Kant , VMA, Wiesb. Kehrbachsche Ausgabe

Der Weg der Philosophie, W. Röd, Bd.I u.II , Verl. C.H. Beck

Der Ursprung des Geistes, Hellmuth Benesch, dtv-Sachbuch

Die Metaphysik der Sitten, I. Kant, Reclam

Abermals krähte der Hahn, K.H. Deschner, Econ Verlag

Kriminalgeschichte des Christentums, K-.H-.Deschner, Bd. I – X, Rowohlt

Also sprach Zarathustra, Fr. Nietzsche, Könemann Verlagsges.m.b.H.

Eine kurze Geschichte der Zeit, Stephan Hawking, Ro Ro Ro

Das Universum in der Nussschale, Stephan Hawking, dtv

Kurze Antworten auf Grosse Fragen, Stephan Hawking, Klett-Cotta

Licht, Werner J. Kraftsik, Bod-Verlag

Die Welt mit anderen Augen sehen, Markolf H. Niemz, Gütersloher Verlagshaus

Ehrfurcht vor dem Leben, Albert Schweizer, becksche Reihe

Fischer Lexikon -Taschenbuch, Frankfurt a. M. 1972,

Kybalion, Die 7 hermetischen Gesetze: Das Original (Deutsch) Drei Eingeweihte (Autor), William Walker Atkinson

Der Kleine Prinz, Antoine de Saint-Exupéry,

Weitere Bücher von Werner J. Kraftsik finden Sie hier:

https://www.bod.de/buchshop/catalogsearch/result/?q=Kraftsik